自分で考える子になる「こども手帳術」

星野けいこ●著
浅倉ユキ●監修

「子どもに手帳なんて必要なの？」

「うちの子にできるのかな？」と思った方。

大丈夫！　こども手帳術は３歳から楽しくはじめられる、とてもシンプルで簡単なものです。

ここでは、「こども手帳」がどんなものなのか、どんなふうに使うのかを紹介します。

日本実業出版社

CASE 1

一人でテキパキ朝のしたくができる！

保育園や幼稚園に通う子どもたちの多くはマイペース。忙しい朝でも、のんびり行動する姿を見て、イライラしてしまうこと、ありませんか？

「こども手帳」があれば、必要なことすべてが手帳に書かれているので、朝のしたくが進んでいないときに親が伝えるのは「手帳を見てね！」の一言だけでＯＫ。

手帳を見て行動すれば、一人でできることがどんどん増え、生活習慣が身につき、一人でやり遂げる楽しさを経験することができます。

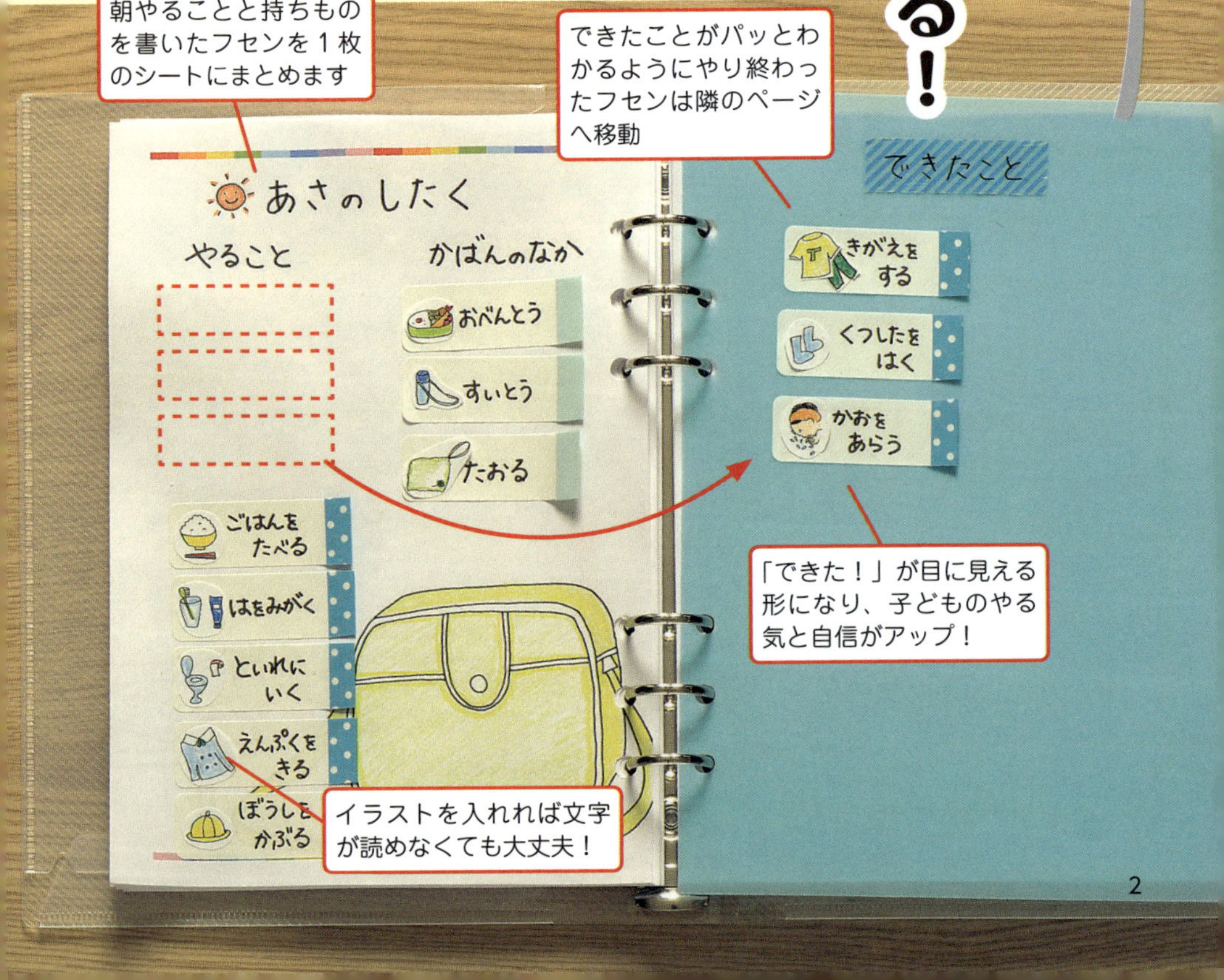
朝やることと持ちものを書いたフセンを１枚のシートにまとめます
できたことがパッとわかるようにやり終わったフセンは隣のページへ移動
あさのしたく
やること
かばんのなか
おべんとう
すいとう
たおる
ごはんをたべる
はをみがく
といれにいく
えんぷくをきる
ぼうしをかぶる
できたこと
きがえをする
くつしたをはく
かおをあらう
「できた！」が目に見える形になり、子どものやる気と自信がアップ！
イラストを入れれば文字が読めなくても大丈夫！

CASE 2
夏休みも計画的に過ごせる！

夏休みは、旅行や宿題などやることがいっぱい！　子どもも親も全体像をなかなか把握しにくいものです。「まだまだ先は長いから大丈夫」なんて思っていたら、最終日に手をつけていない宿題があることに気がつく、なんてことも……。

手帳があれば、楽しく計画を立てられ、自由研究など大物の宿題も、量が多いドリルもしっかり終えられます。

もう毎日「宿題、宿題！」って心配しない、楽しい夏休みを過ごすことができます。

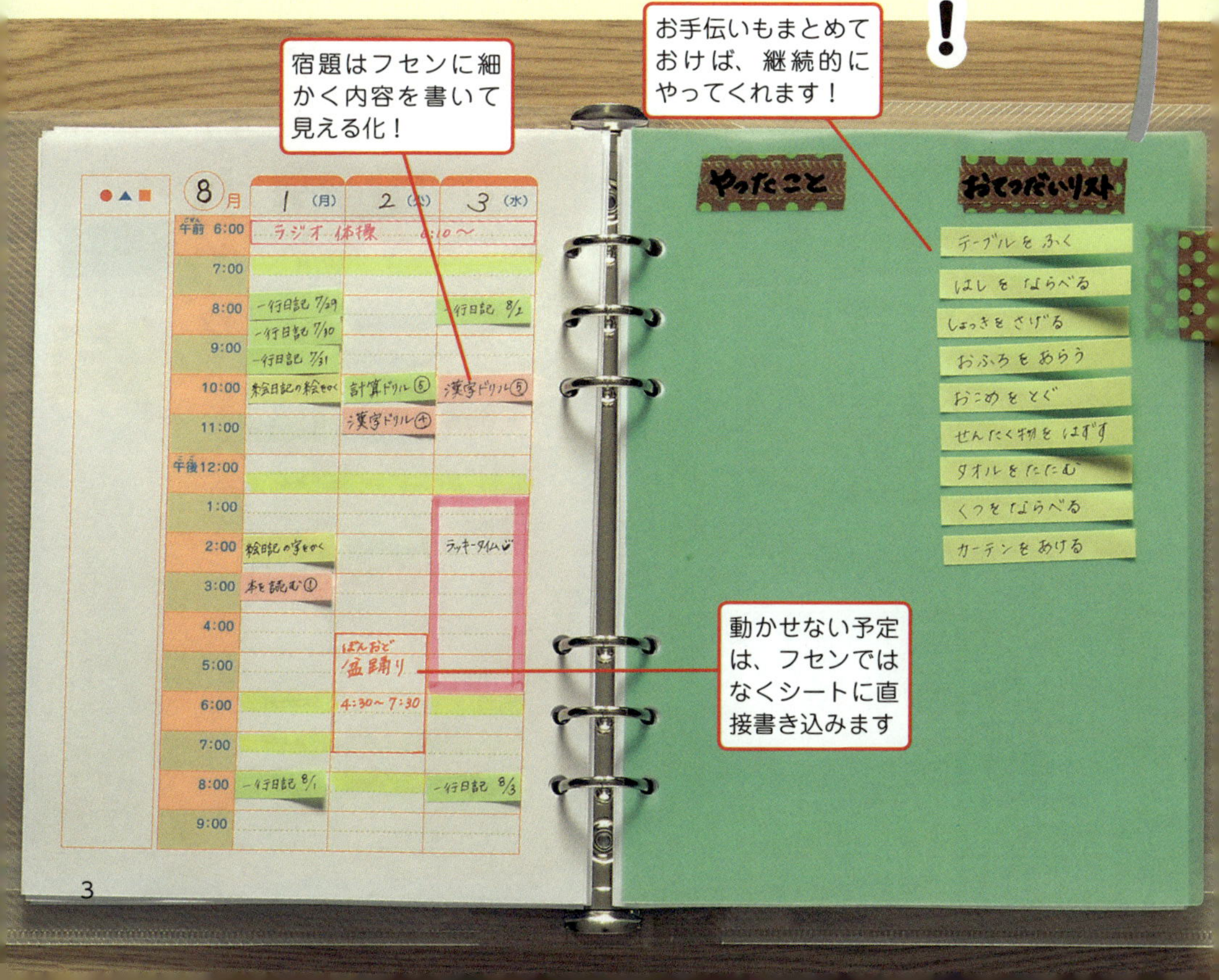

宿題はフセンに細かく内容を書いて見える化！
お手伝いもまとめておけば、継続的にやってくれます！
動かせない予定は、フセンではなくシートに直接書き込みます
8月
1（月）
2（火）
3（水）
ラジオ体操
一行日記 7/29
一行日記 7/30
一行日記 7/31
一行日記 8/1
一行日記 8/2
一行日記 8/3
計算ドリル⑤
漢字ドリル④
漢字ドリル⑤
ラッキータイム
本を読む①
盆踊り
4:30～7:30
やったこと
おてつだいリスト
テーブルをふく
はしをならべる
しょっきをさげる
おふろをあらう
おこめをとぐ
せんたく物をはずす
タオルをたたむ
くつをならべる
カーテンをあける

～まずは手帳の基本的な形を知ろう～

こども手帳ってどんなもの？

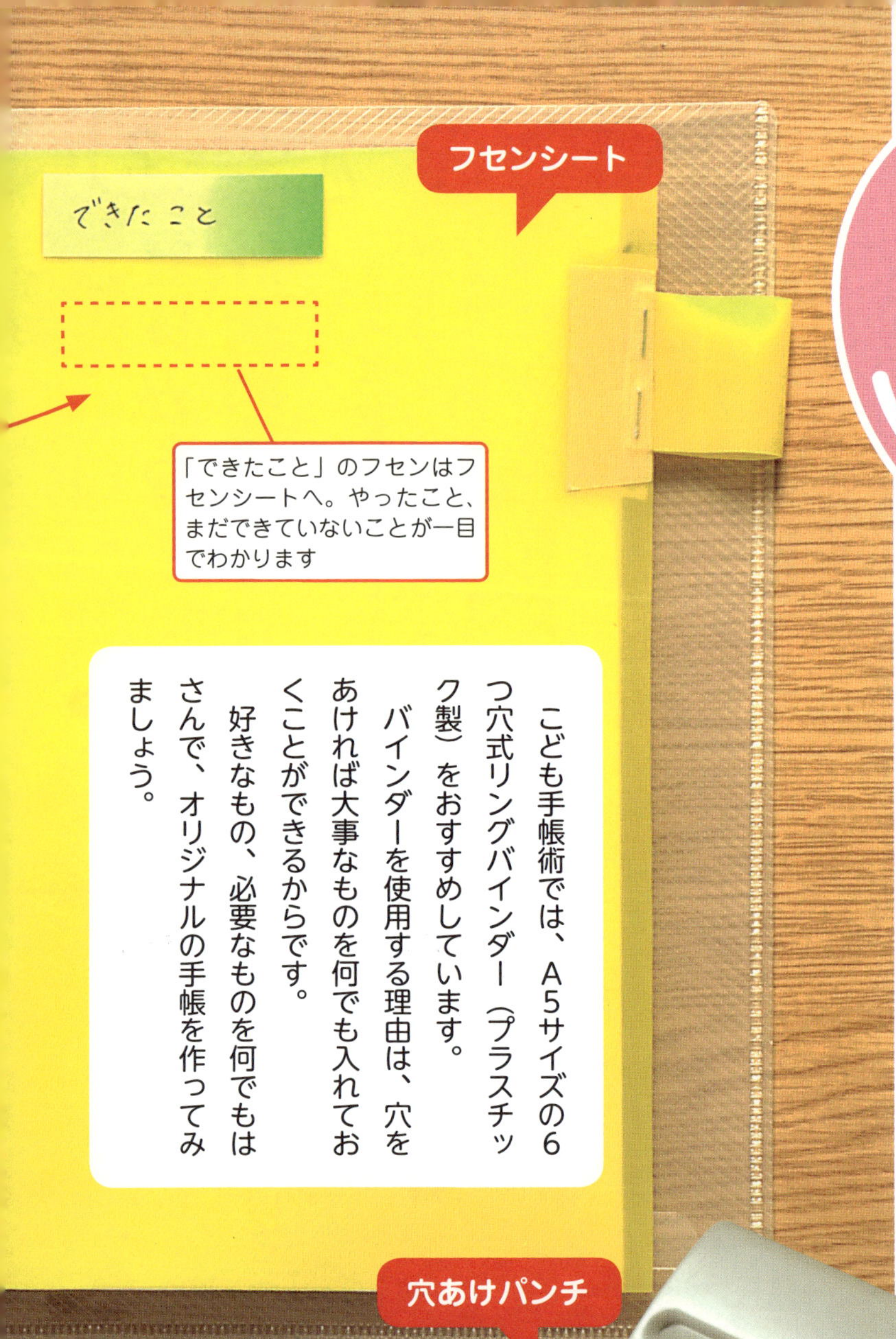

フセンシート
できたこと
「できたこと」のフセンはフセンシートへ。やったこと、まだできていないことが一目でわかります

こども手帳術では、A5サイズの6つ穴式リングバインダー（プラスチック製）をおすすめしています。

バインダーを使用する理由は、穴をあければ大事なものを何でも入れておくことができるからです。

好きなもの、必要なものを何でもはさんで、オリジナルの手帳を作ってみましょう。

穴あけパンチ
穴をあけて何でもはさむことができるので、必要なものを手帳にまとめられます

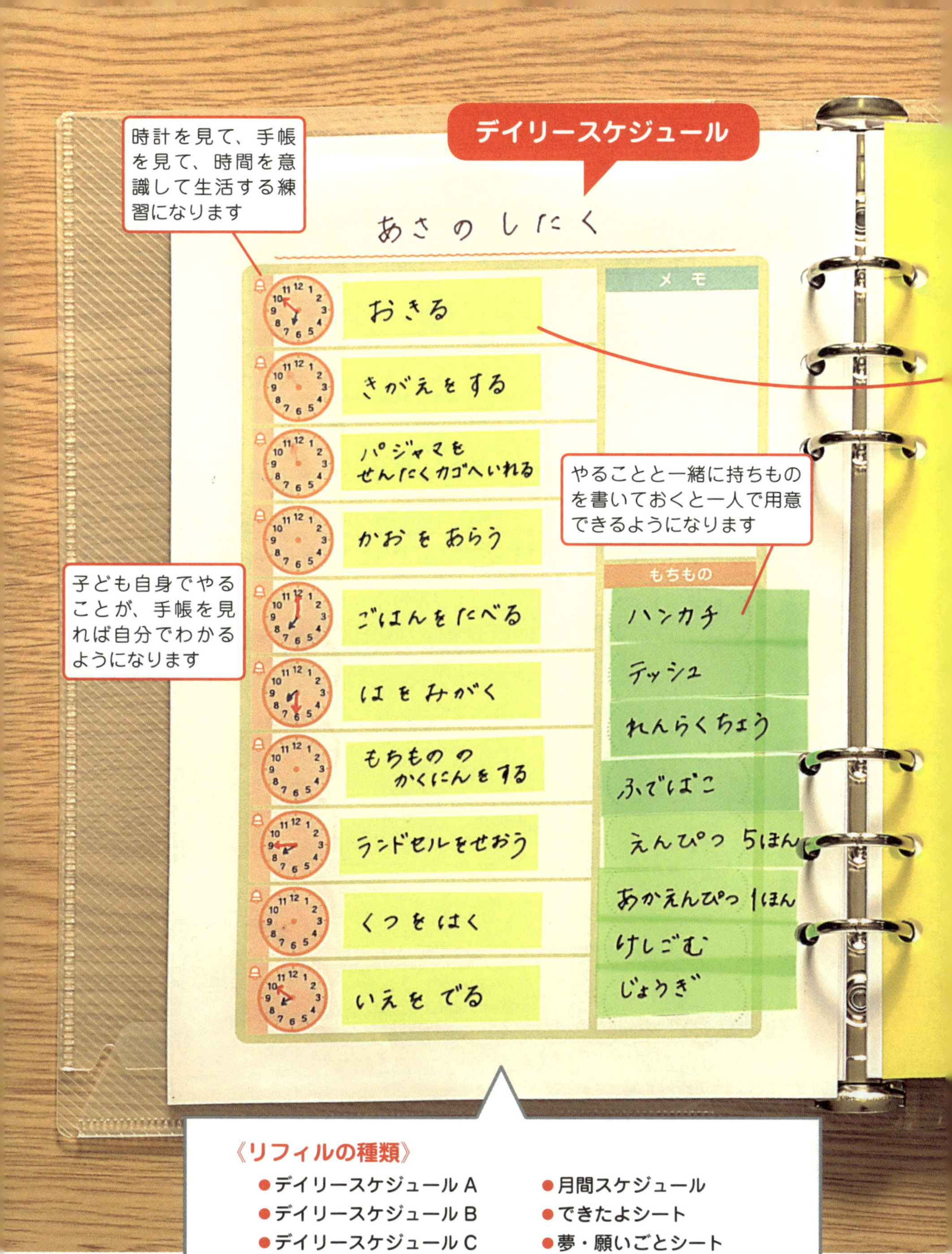
デイリースケジュール
時計を見て、手帳を見て、時間を意識して生活する練習になります
あさのしたく
メモ
おきる
きがえをする
パジャマをせんたくカゴへいれる
かおをあらう
ごはんをたべる
はをみがく
もちもののかくにんをする
ランドセルをせおう
くつをはく
いえをでる
子ども自身でやることが、手帳を見れば自分でわかるようになります
やることと一緒に持ちものを書いておくと一人で用意できるようになります
もちもの
ハンカチ
テッシュ
れんらくちょう
ふでばこ
えんぴつ 5ほん
あかえんぴつ 1ほん
けしごむ
じょうぎ

《リフィルの種類》

- デイリースケジュール A
- デイリースケジュール B
- デイリースケジュール C
- 週間スケジュール
- 月間スケジュール
- できたよシート
- 夢・願いごとシート

上記の手帳リフィルはダウンロードできます。
詳しくは 190 ページをご覧ください。

〜未就学児におすすめ！〜

デイリースケジュールA

3〜6歳頃は、生活習慣を身につける時期。自分でできるようになってほしいことを書いたフセンを貼ります。

あさのしたく
かおを あらう
といれに いく
きがえを する
ごはんを たべる
はを みがく
くつしたを はく
えんぷくを きる
ぼうしを かぶる
おかたづけリスト
ほんを ほんだなへ
おもちゃを おもちゃばこへ
いろえんぴつを ひきだしにしまう
うわぎを かける
かばんを たなにおく
おてつだ
くつを ならべる
おはなに みずをやる
おさらを さげる
かーてんを あける

やることをイラストと一緒に書くとわかりやすい！（このイラストはダウンロードできます。詳細は190ページ参照）

まずは生活習慣を楽しく身につけるのが目標！

お手伝いの内容やお片づけについてのフセンを貼れば、「お手伝いリスト」「お片づけリスト」にもなります

～小学校低学年におすすめ！～

デイリースケジュールB

7～10歳頃は、時計の読み方を覚える時期。時計のイラストの時間軸や習い事の持ちものを書く欄があると便利です。

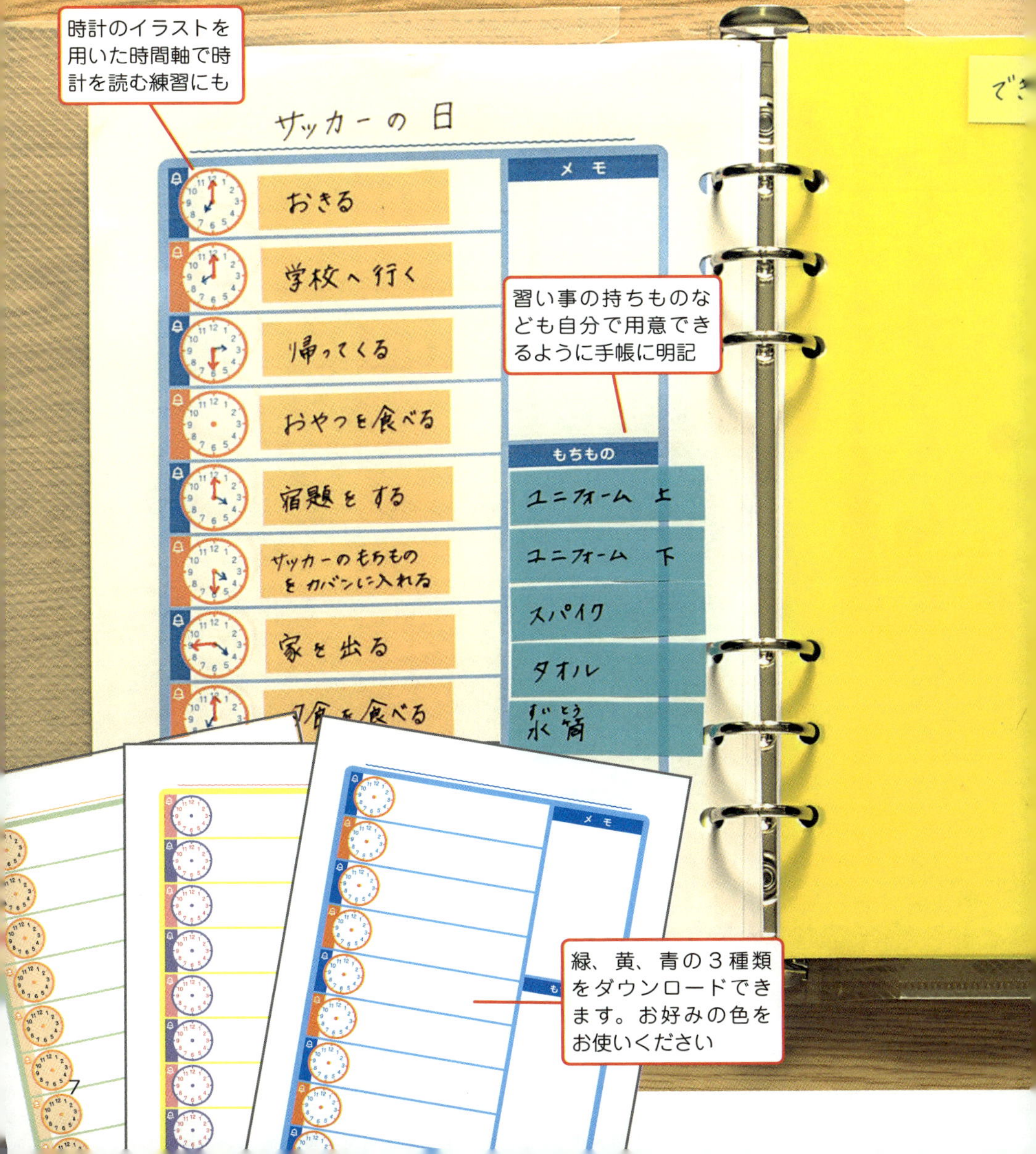

時計のイラストを用いた時間軸で時計を読む練習にも
サッカーの日
メモ
おきる
学校へ行く
帰ってくる
おやつを食べる
宿題をする
サッカーのもちものをカバンに入れる
家を出る
もちもの
ユニフォーム上
ユニフォーム下
スパイク
タオル
水筒《すいとう》
習い事の持ちものなども自分で用意できるように手帳に明記
緑、黄、青の３種類をダウンロードできます。お好みの色をお使いください

～小学校高学年におすすめ！～

デイリースケジュールC

高学年になると、限られた時間の中で何をいつやるのか計画が必要になるので、時間を均等に見て考えます。

スイミングの日
メモ
3:30 ランドセルをおく
手紙を出す
4:00 おやつを食べる
4:30
5:00 スイミング
5:30
6:00 夕食を食べる
6:30 ドリルをする
えんぴつをけずる
7:00 時間わりをそろえる
ランドセルをかたずける
7:30 おふろに入る
ぬいだ服はせんたくかごへ
8:00 ゲームをする!
8:30 テレビを見る
9:00 あしたのよていかくにんする
9:00ねる
9:30
手をあらう
音読をする
持ちもの
みずぎ
ぼうし
タオル
ビニールぶくろ
ゴーグル
ならいごとのない日（月・金）

30分間隔で時間を均等に見ることができます

限られた時間の中で何をどんな順番でやるのか計画を立てる練習になります

持ちものの欄がないパターンもダウンロードできます。色は黄と青の２種類

～長期休み中も計画的に過ごせる～

週間スケジュール

週間スケジュールは、主に夏休みや冬休みなどの長いお休みのときに使います。計画的に宿題をすることができます。

すでに決まっている予定を書き込むとあいている時間がはっきりして、宿題ができるタイミングがわかりやすくなります

宿題はフセンに、予定はシートに直接書きます

フセンに宿題を書き出すと、あらかじめ全部の宿題に目を通すことができ、やり忘れを防げます

月～水曜日用と木～日曜日用に分かれています

忘れない!
22
ベルマーク回収 24日まで
安心!
も ユニフォーム・スパイク
タオル・水筒
ぼうし
サッカー試合《しあい》
9:30～
6月
月
火
水
木
金
土
児童集会《じどうしゅうかい》
スイミング
朝会《ちょうかい》
サッカー
も 空箱 5つ
学校公開《がっこうこうかい》
振替休日《ふりかえきゅうじつ》
避難訓練《ひなんくんれん》
うわばき とあらう
動物園《どうぶつえん》へ行く
図書集会《としょしゅうかい》
午前授業《ごぜんじゅぎょう》

期限があるものもフセンに書いて期日の少し前に貼っておくと忘れずに用意できます

持ちものをフセンに書いて予定の近くに貼っておくと安心

動かせない決まっている用事はシートに直接記入

～予定を見通せるようになる～

月間スケジュール

子どもが自分の先の予定を意識するのに便利です。事前に確認してスケジュールを把握する習慣が身につきます。

〜スタンプ・シールでやる気アップ！〜

できたよシート

お手伝い、お片づけ、宿題……できたらスタンプを押したりシールを貼ったりするシートです。

できたよシート 25マス

スタンプやシールをためていくことが「もっと頑張りたい！」という気持ちにつながります

できたよシート 80マス

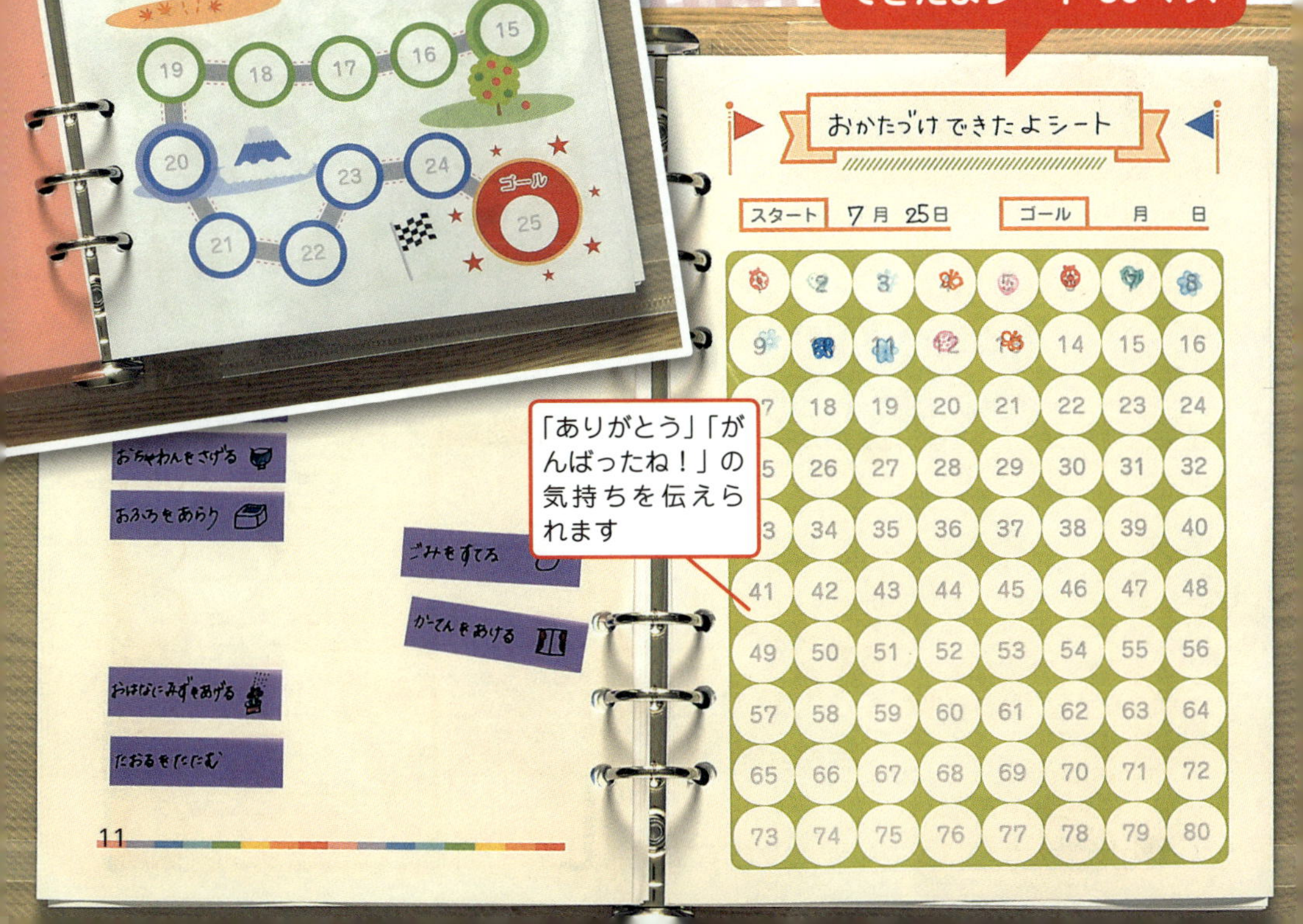

「ありがとう」「がんばったね！」の気持ちを伝えられます

～子どもの夢・願い・希望をためる～

夢・願いごとシート

夢や願いごとを思いついたときに忘れないように、
フセンに書いて貼っておく場所です。

★ いきたいところ ★
ディズニーシー
ぶどうがり
どうぶつえん
ゆめ・ねがいごと シート
★ やりたいこと ★
りょうり
スケート
キャンプ
★ ほしいもの ★
ポッキー
いちりん車
クッキー
本
もも
ソフトクリーム
すいか

欲しいもの・やりたいこと・行きたいところをフセンに書いて貼っていきます

子どもの意外な一面に気づくことができます

思いついたら何でもフセンに書いてOK。逆に「やっぱりいらない」と子どもが思えば捨ててしまいます

旅行先を決めるとき、お誕生日プレゼントを買うときなどは、これを見て夢を現実に！

～できたことのフセンはここへ～

フセンシートの作り方

デイリースケジュールに貼った、やることを書いたフセンをやり終わったら貼る場所として使います。

1 A4サイズのクリアファイルを真ん中から半分に切ります

2 下の閉じている部分を切り取ります

3 開いて折り目に沿って半分に切り離します

4 これで4つのシートになります

5 パンチで端に穴をあけます

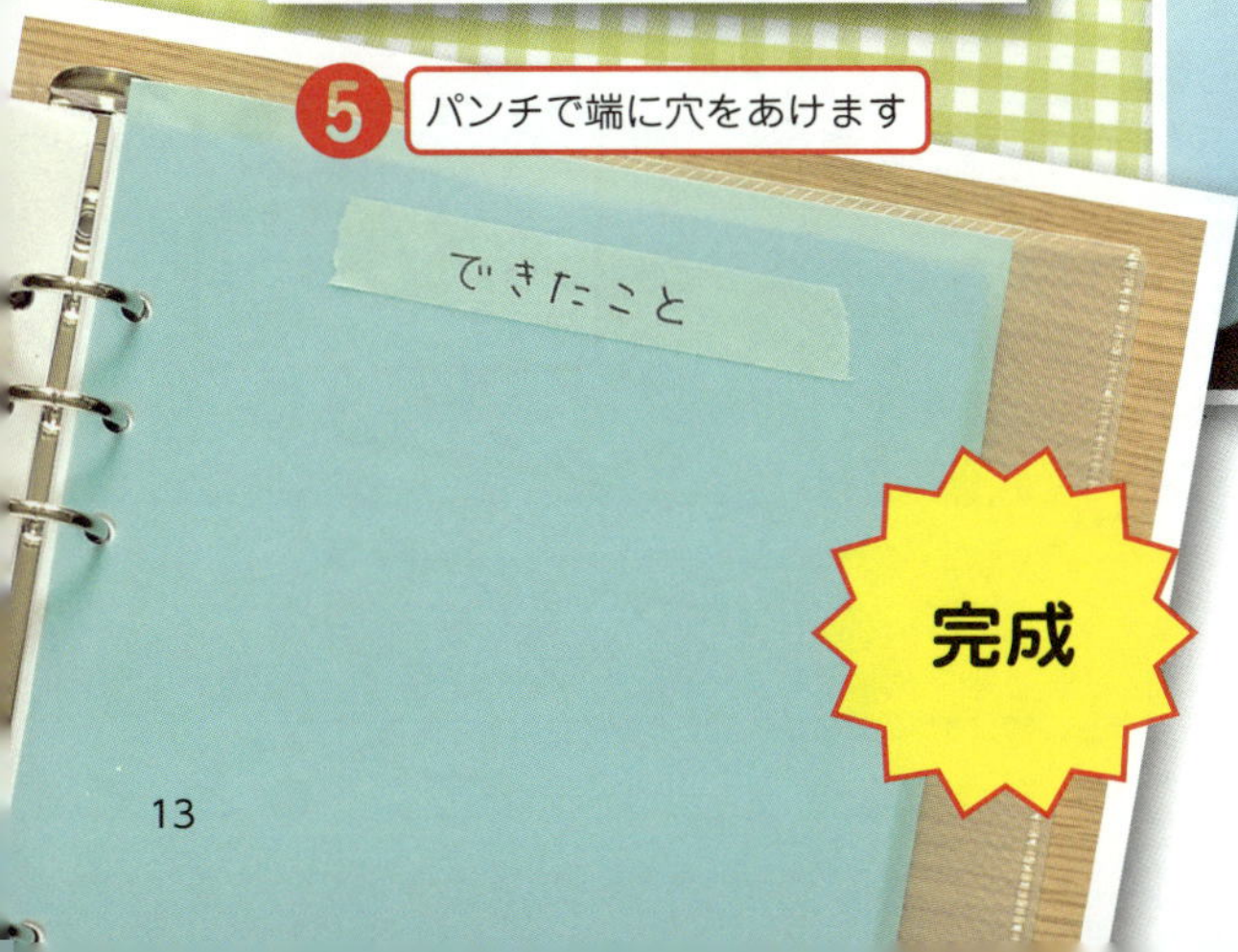

～手帳をより楽しくする～ あったら便利なアイテム

穴補強シール

最近では、カラフルなものや可愛い柄のものなども売られています

バインダー用の穴が破れてしまわないように貼るドーナツ型のシール
一番上と一番下の2か所に貼ればOK。6つの穴すべてに貼らなくても大丈夫です

マスキングテープ

手帳のシートを自分好みにデコレーションするのにも使えます

図書館の貸出票を貼るのにも便利。返却時に困らない！
テープを貼ってから穴をあければ破れにくくなり、穴補強シールの代わりになります

スタンプ

「できたよシート」に押したり、月間スケジュールに目印として押して使います

スタンプはギュッと強く押すとインクがにじんで裏移りすることもあるので注意！

たくさん押すと子どものやる気がどんどん湧いてきます

シール

引き出しの中に眠っているシール、ありませんか？「できたよシート」や好きなところに貼ると手帳を使うのがさらに楽しくなります

ファスナー袋

大切だけど穴をあけられないものを入れる場所として使います

１００円ショップで売っているファスナー袋にパンチで穴をあけるだけ

カードやメダルを入れておくと、なくしにくくなり、手帳が宝ものになります

色鉛筆を入れて白い紙をはさんでおけば、いつでもどこでもお絵描きできて便利！

はじめに

早く着替えなさい！

ゲームばっかりやらないで！

宿題はテレビ見る前にやったら？

明日の持ちものはもう用意したの？

私は子どもに対してイライラし、ガミガミ言ってばかり。でも、子どもたちは何を言っても変わらず、なかなかやってくれない。

「私だって本当はガミガミ言いたくないのに……」と落ち込む毎日でした。


そこで、考えました。

「親があれこれ言わなくても、子どもが自分で考えて、自分のことができるようになる方法はないかな？」と。

そして行き着いたのが、本書で紹介する「こども手帳術」です。


経験値の少ない子どもたちは、いくら言葉で伝えても、何をすればいいのか、次にどうするのか、よくわかっていないことが多いと気づきました。

「早くしないと遅れるよ！」と言っても、何をどう早くすればいいのか、どうして遅れるのか、実際にはよくわかっていなかったのです。つまり、目の前にないものを頭の中で考えて整理し、行動に移すことがうまくできないのです。

だから、やることは、み～んな手帳に書いてしまうことにしました。そうすれば、親は「手帳を見てね」の一言を言うだけでよくなります。

子どもは手帳を見れば、自分でやることがはっきりわかるので、親に口で言われるよりも行動しやすくなります。さらに、手帳を見ながらできたことは、「言われなくても自分でできた！」という成功体験になりますので、「もっとできるようになりたい」「こんなにできる」「あんなこともできちゃいそう」というように自立心が高まります。

これが、あれこれ言わなくても自分で考える子になる、こども手帳術です。

やり方はとてもシンプルで、動かせない予定を手帳に直接書き、やることはフセンに書いて貼るだけ。これだけで、子どもの中の時間感覚や、やることに対する意識が変わります。

本書を手に取っていただいたみなさんに、ぜひ「手帳で子どもが自立する」「自分で考える子になる」を体感していただきたいと思います。

あまり気負わず気楽にはじめてみてください。たった一冊の手帳ですが、子育てがラクになり、子どもの自立への第一歩となることを願っています。

２０１６年６月　　星野けいこ

自分で考える子になる「こども手帳術」

CHAPTER 1 こども手帳術で子育てがラクになる！

CHAPTER 2 こども手帳術のはじめ方

CHAPTER 3

こども手帳の日々の使い方

CHAPTER 4

お悩み別 手帳活用術

CHAPTER 5

こんなときどうする？ 手帳のお悩みQ＆A

カバーデザイン　吉村朋子
カバー・本文イラスト　高田真弓
タックシールフセン用イラスト　まっしゅ
本文デザイン・ＤＴＰ　初見弘一

CHAPTER 1

こども手帳術で子育てがラクになる！

1 手帳が親子の習慣を変える

子育てのイライラを生む3つの悪循環

講師として「こども手帳術」をお伝えしている私は、「いいお母さん」であり、子どもたちと穏やかに暮らしていると思われがちです。

でも、残念ながら私は、思い描く理想の母親像には程遠く、子どもたちとの関わり方も上手ではないので、日々試行錯誤しながら過ごしています。

数年前までの私の口癖は「いいお母さんになりたい」でした。周りのママたちはいつも笑顔で、子どもたちと楽しそうに過ごしているのに、どうして私はできないんだろう。

どうして隣のあの子はこんなこともできるのに、うちの子はできないんだろう。

周りと比べては、ダメな自分を責め続けていました。

そんな私が試行錯誤しながらたどり着いたのが、この「こども手帳術」なのです。

こども手帳術を考えるまでの私と子どもの関わり方は、怒り、怒られの繰り返しで、次の3つのような悪循環に疲れ切っていました。

①朝から晩まで「指示・指導」の悪循環

「早く起きなさい」からはじまり、「こぼさないで食べなさい」「早くしなさい」「いい加減にして」「これやったら?」「あれは持ったの?」「早く寝なさい!!」……と私は全部勝手に先回り。思い通りに動かない子どもたちにイライラし、子どもたちは、「今やろうと思ってたのに!」「わかってるよー!!」とプンプン怒るの繰り返し……。

②「何からやればいいかわからない」の悪循環

ランドセルの片づけ、宿題、ピアノの練習、おやつ、テレビも見たいし、本も読みたい。学校から帰ってきた子どもには、やること、やりたいことがいっぱい。

娘は「あー、何からやればいいのかわからない！」と毎日パニックになり、私は、「とにかく宿題やっちゃいなさい！」と、またまた指示。「そんなことわかってるけど、ほかにもやりたいことがあるから困ってるの！」と子どもは怒り、「騒いでないでやることやっちゃいなさい!!」と私はさらに怒るの繰り返し……。

③「ママのせいで……」の悪循環

忘れものをすると、娘は決まってこう言いました。「ママがちゃんと言ってくれなかったから、持って行くの忘れたじゃん！」。

自分が使う体操着、絵の具セット、自分が学校に提出するお手紙なのに。

「何で私が怒られるの？」とイラッとする私。同時に、「この子、自分のことを人のせいにしてばかりいて大丈夫？　自立できるのかな……」という不安の繰り返し……。

こども手帳で親子のストレスを解消！

この悪循環を断ち切るために、「こども手帳術」を考えました。そして、日々こども手帳と共に子どもたちと生活していくことで、この悪循環は少しずつ解消していっています。

①「言わないでもやれる」子ども「言わないで待てる」親

「こども手帳術」の基本は、やることが全部手帳に書かれているということ。そのため、娘はそれを見て自分でやることがわかるようになりました。親に口で指示されると「今やろうと思ってたのに！」と反発したくなるし、やらされている感が強くなります。

しかし、娘が自分で手帳を見て、実際にやれたことは、自発的にできたことなので、「自分でできた！」という達成感を感じられます。

私のほうも、先回りしていちいち指示しなくても、手帳があれば大丈夫、と思えるようになり、口うるさく指示することが少なくなりました。

それでも、宿題やピアノの練習など、やってほしいことをやっていないときは、つい、「早くやりなさい！」と言いたくなります。そんなときは、「手帳を見てね！」と、本人がやることを思い出せるよう促すようになったので、確実にガミガミ言う回数は減りました。

②自分で先を見通せる安心感

娘は、「あれもこれもやりたい！」と頭の中で考えてパニックになっていましたが、やりたいこと、やらなくちゃいけないことを、手帳に全部書き出すことで、自分で計画を立てられるようになりました。

計画通りにいかないことも多いですが、計画を立て、やってみて、失敗して、また計画する……ということを繰り返すことで、少しずつやることの優先順位をつけられるようになってきています。

何より、「どうしよう!!」とただパニックになって騒ぐことは減り、困ったときは一緒に手帳を見ながら計画することができるので、会話が柔らかくなりました。

③自分のことは自分で

娘は、持ちもの、提出物などは親が用意し、それを持っていくものだと考えていました。いつも

悪い流れからよい循環へ変わる！

悪循環
好循環
①
ぼー
コレやったの？
アレ持ったの？
早く食べなさい
いってらっしゃい
早いね！
できた!!
②
わたわた
宿題
バイエル
ごはん食べたら宿題やるね！
③
はあ!?
ママのせいで忘れちゃったじゃん！
体操着
やってるやってる
よしっ体操着持った
体操着

私が用意していたからです。

この受動的だった行動が、全部自分の手帳に書いてあることによって、自分で用意するようになりました。

自分の手帳に書いてあることは自分のこと、と認識できるようになったため、「ママのせいで」と言わなくなったのです。

下の娘は、3歳から手帳のある生活をはじめました。幼稚園へ行く前のしたく、幼稚園の持ちものなどは手帳を見て順番にやればいい、という方法をずっと実践してきました。

だから小学校に上がったとき、やることや、やる時間などが変わっても、「手帳に書いておけば大丈夫」と安心できて、大きなパニックもなく、スムーズに小学校生活をスタートさせることができました。

このように、手帳を活用して、日々繰り返される悪い循環を断ち切ることで、少しずつ親子の怒り、怒られの毎日が解消されていきました。

もちろん、日常の中でまた新たな悪循環が生まれることもあります。でも、今は「こども手帳術」によって早い段階で振り返り、解消することができるようになりました。

こども手帳術でこんなにハッピー！

わが家以外にも、手帳の活用で親子に起きたよい変化をたくさんご報告いただいています（29ページ参照）。

自分でできる子になってもらいたい、怒らないで見守れる親になりたい、そう願う人の強い味方となるのが「**こども手帳術**」なのです。

「こども手帳術」で子どもも親もこんなに変わる！

子どもの変化

- 毎日学校からのお手紙を出してくれるようになった！
- 宿題を終えてから、遊びに行くようになった！
- 積極的にお手伝いしてくれるようになった！
- 毎日遅刻ギリギリだったのが、余裕をもって家を出られるようになった！
- 忘れものが減った！

親の変化

- 子どもとの会話が増えた！
- 朝の忙しい時間のイライラが減った！
- 「うちの子、こんなに頑張っているんだ！」と改めて知ることができた！
- ほめることが多くなった！
- 漠然とした子育ての不安が解消された！

2 子どもに手帳が役立つわけ

子どもは「今」を生きている

ではなぜ、「こども手帳術」によって親子の関係に変化が訪れたのか、考えてみましょう。

日々繰り返される親子の怒り、怒られの悪循環は、そもそも大人と子どもの特性の違いによって起こっています。

本来、子どもは「目の前のことが一番」な生きものなのです。小さければ小さいほど、その日暮らし、というか、その場暮らしです。もしかすると、もっと短いかもしれません。今、その瞬間を生きているのが、子どもなのです。

目の前のことが一番、つまり、目の前にないことは子どもにとっては大切なことではないのです。と言うより、理解できていないと言ってもよいのではないでしょうか。

だから子どもは、

①時間の感覚がない
（時間は目に見えないので、理解できない）

②やることが見えていない
（目の前にない先のことまで配慮できない）

③目先のことに夢中になる
（目の前のことが一番ですから）

それが当たり前の姿なのです。

具体例にこの3つをよくあるシチュエーションに当てはめてみましょう。

家を出る時間が10分後に迫っているのに、まだご飯を食べているとき、子どもの状態は次のようになっています。

①時間の感覚がないから、「あと10分で出かける時間だよ！」と言われても、「10分」がどれぐらいの長さなのかわからない

②次に何をやればいいのか、家を出るまでに何をやらなくちゃならないのか、自分のやることがわからない

③やらなくちゃいけないしたくよりも、自分の好きな本、おもちゃ、テレビのほうに気を取られてしまう

子どもはこのような状態だから、ぼーっとテレビを見ていたり、だらだらご飯を食べたりと、あせらずに気の向くことをやるのです。

逆に、「あーどうしよう。次は何やるんだっけ？どうしよう。何しよう？」と、あっちへ行ったりこっちへ行ったり、あせる気持ちばかり大きくて、パニックになる子もいます。

ほかのシチュエーションでも、この3つに当てはめて子どもの行動を考えてみてください。

お風呂あがりに裸のままで走り回っている、宿題をやっていないのにゲームばっかりやっている、夜寝るのが遅いから朝起きられない、忘れものが多い……というような、「子どもあるある話」は、ほとんど「目の前のことが一番」という性質によることに気がつきます。

大人の特性が勝手にイライラを生む

そんな小学生くらいまでの子どもたちを見て、私たち親や大人は、どう感じるのでしょうか。

「何でぼーっとしていられるのかしら？」「どうしてこのタイミングで遊んでいられるの？」と子どもの行動が理解できず、「何で毎日のことなのに、わからないのだろう？」とイライラしつつも

不思議に思います。
そして、ぼーっとしている子どもの姿を見ると、「急ぎなさい！　遅れるわよ!!」と言いたくなります。

しかし、私たち大人も数十年前は同じように目の前のことが一番な生きものだったはずです。

人は、長い年月をかけて多くの経験をすることで、時間の感覚や、生活習慣を身につけます。そうすることで、だんだん目の前にないことも理解できるようになり、大人になると先を見通せるようになるため、目の前のことが一番な生きものではなくなっていくのです。

自分の経験値フィルターを通して見ていると、子どもの行動は不安なことが多く、わが子がかわいい、という思いもあって、先回りしたくなってしまうのです。

子どもの特性を活かす方法

先が見通せる大人vsその瞬間を生きている子ども。

これが、毎日繰り返される親子のバトル、悪循環のからくりなのです。

しかし、特性が違うのだから仕方ない、子育てしている間はこの悪循環は続くのだと、あきらめるわけにはいきません。その特性を生かして、この悪循環を解消してくれるのが、「こども手帳術」です。

目の前にないことは理解できていない、目の前のことが一番な子どもですから、手帳を使って理解できていない時間や、やることなどを見える形にしてあげればいいのです。

手帳を活用して生活をすると、悪循環が解消されるだけでなく、親子のコミュニケーションが増え、子どもに対して優しく、穏やかになります。

3 自立を助ける手帳の3大役割

手帳に任せてしまってOKなこと

こども手帳の役割を具体的に見てみましょう。

手帳の役割は、次の3つです。

①見える化
②細分化
③一元化

もっと簡単な言葉に置き換えると、次のようになります。

①子どもは、目に見えないとわからないから、文字にして書く
②子どもがわかるように、丁寧に、細かくする
③子どもにとって大切なもの、必要なもの、好きなもの、何でも手帳にはさんでまとめる

要するに、「子どもにわかるように、細かく書いて、必要なものは何でも手帳の中に入れる」ということです。

これだけで、悪循環は解消し、親子のコミュニケーションが変わります。


具体的な例で見てみましょう。

毎週サッカー教室へ行く前の準備ができなくて、「早く準備しなさーい！」と何度言っても、全然できない子を想像してください。

手帳がある生活と手帳がない生活では明らかに子どもの行動、親の言動が違ってきます。

次ページにその例を示してみました。

手帳のない子育ての場合

- サッカーの準備をいつやればいいかわかっていないし、準備するタイミングを決めていない
- 毎週のことでも、持ちものは何を用意すればいいかわかっていない
- 準備にどれくらい時間がかかるのかわかっていないので、家を出るのが遅くなってしまう

手帳のある子育ての場合

・「サッカーの準備をする」と手帳に書くと準備するタイミングがわかる
・「ユニフォーム、靴下、スパイク、ボール、タオル、水」のように、細かく持ちものを書いておけば、毎回考えなくても思い出せる
・手帳の中に持ちものリストを常にはさんでおけば、それを見て毎回準備ができる

いかがでしょうか？　コミュニケーションが変化するのをイメージしていただけましたか？

手帳があるだけで、親が子どもにかける言葉が変わります。子どもも、今まで見えないからわからなかったことが見えるようになって、行動しやすくなります。

具体的な手帳の活用法は、CHAPTER 4で詳しく紹介しますので、そちらを参考に、「子どもにわかるように、細かく書いて、必要なものは何でも手帳の中に入れる」を実践してみてください。

子育てがぐっとラクになるのを実感いただけると思います。

先回りをやめて子どもを信じる

こうして、手帳のある生活では、親はガミガミ言うことが減り、子どもは自分で手帳を見てできることが少しずつ増えてきます。

これを日々繰り返すことで、日常の中で、「自分でできた」という小さな成功体験を子どもは積み重ねていきます。そしてそれが、「自分でできる」という自信につながり、結果的に自主性、自立心、好奇心や行動力など、将来にわたって役に立つ力が育つと考えています。

「こども手帳術」と聞いて、子どもがスケジュール管理を覚えて、自立することだと思った人も多かったと思います。

確かにスケジュール管理をして、自己管理できるようになるのが大きな目的です。しかし、まずはもっと身近なこと、日常生活を手帳と共に過ごすことで、**スケジュール管理の基本を頭で考えるのではなく、体感して自然と覚えていくというイメージです。**

日々の、怒って怒られての悪い循環を解消し、自主性・自立心を育てるアイテムとして、こども手帳を活用してください。

CHAPTER 2

こども手帳術のはじめ方

1

ステップ1

「手帳は私の宝もの！」にする

「こども手帳」は世界に1つの非売品

こども手帳術の話をすると、「今の私に必要なのは、この『こども手帳』だって思いました。早速はじめたいです！　どこで買えますか？」という質問を多くいただきます。

……ごめんなさい。「こども手帳」という手帳が売られているわけではないのです。

こども手帳術は、世界でたった1つのその子のための手帳を作ることからはじまります。

どこにも売っていない、その子に合った手帳を作って、使うこと。これが「こども手帳術」なのです。

このCHAPTER 2では、こども手帳のある生活のはじめ方について詳しく説明していきます。

はじめはカレンダーも予定表も不要！

「じゃあ、さっそく作ろう！」と、親が一生懸命作り上げて子どもに渡してしまうと、どうしても手帳が親から子への指示書のようになってしまったり、押しつけアイテムになってしまいます。

そうならないために、まず、まっさらの状態のA5サイズのバインダーを用意しましょう（41ページ参照）。そして、子どもに手帳について伝え、**親子で話し合いをすることからはじめます。**これが最も大事な作業です。

ここを飛ばして、バインダーに予定表をはさんだり、やることを書いて、親の思いで作り上げた手帳を子どもに渡しても、子どもたちは興味を示しません。

それどころか、「何だか面倒なことをやらされるなー」「また新しい課題を親から押しつけられた……」と思って拒絶する子もいますので要注意です。

一緒にバインダーを買いに行ったり、何もはさまれていないバインダーに「何をはさもうかな?」と相談したりして、子どもがワクワクするところからはじめてください。

オリジナルページで手帳を宝ものに

最初にはさんでいくのは、子ども自身が「興味のあるもの」「好きなもの」です。

大人の感覚だと、「月間スケジュール」や「ToDoリスト」を入れたいと思ってしまうかもしれませんが、あせりは禁物です。

まずは子どもに手帳を好きになってもらうことが重要なのです。

恐竜が好きな子は恐竜図鑑をコピーして、電車好きの子には路線図を、シール大好きな子にはシール台紙を、アイドルに熱狂している子には大好きなアイドルの写真を……。

好きなものがとくにない、わからない子は、必要なものをはさんでください。学校の時間割や習い事の予定表、給食のメニューなど、あったら便利なものを何でもはさんでみましょう。

はさんではいけないものはありません。

まずは子ども自身が、はじめて手にする自分の「手帳」が、「楽しいものだな」「何か好きだな〜」と思えるようなものを集めてくださいね。

はじめの一歩は「楽しむ」こと

「手帳＝スケジュール管理」とする前に、「手帳

＝大切なもの、好きなもの」という感情を子どもに持たせてあげることが大切です。

多くの親が、子どものこれからの長い人生、手帳というアイテムと仲よくなり、自己管理し、自分の想いを実現していってほしいと願っているはずです。そのための最初の一歩は楽しいものでないと、長続きしません。

あせらず、じっくり、楽しむことを一番に考えて、好きなものをどんどんはさんでみてください。

こども手帳は、スケジュールを管理することが一番の目的ではありません。**手帳で日常を「見える化する」**ことで、**親子のコミュニケーションのすれ違いをなくし**、**怒り、怒られの毎日から、笑顔で会話をする毎日に変えることが目的です。**そして、長い目で見て、子どもが手帳を活用しながら自立していく、自己管理できるようになることを目指します。

だからこそ、まずは楽しむことが大切なのです。手帳だからといって、大人と同じように予定表をはさまなければならないわけではありません。

子ども自身が「手帳を開きたいな」と思うようなものをはさむことがポイントです。

このステップを飛ばしてしまうと、継続して手帳を活用してくれなくなります。子どもの好きなものをはさんで、子どもが手帳に興味を持ち、「好きだな」「もっと使いたいな～」という気持ちが湧いてきたら、次のステップ２に進みます。

そのため、その子の興味に応じてこのステップ１の継続期間は違います。

未就学児は、大好きなシール帳やぬりえ帳として楽しく数年使っている子もいます。

自分の手帳に好きなものをはさんだら、スケジュール管理にも興味を持って、「大人みたいに予定を書きたい！」という気持ちが高まり、早くステップ2に進んでいく子もいます。

毎日、何となく手帳を開いている、出かけるときに持って行きたがるなど、子どもが手帳を好きになっている、手帳と仲よくなっている様子が見られたら、次のステップに進みます。

ステップ1に長く時間がかかっていても大丈夫です。あせってすぐに次のステップへ進むよりも、時間をかけて手帳と仲よくなったほうが、その先はうまくいきます。あせらずに、子どもの様子をよく見ながらステップアップしてください。

まず用意する2つのアイテム

その子に合った、世界でたった1つの手帳を作るために、まずご用意いただきたいものが2つあります。

①A5サイズシステム手帳バインダー
②穴あけパンチ

これだけです。

具体的にどのようなバインダー、穴あけパンチがよいか、おすすめのものをご紹介します。

①A5サイズシステム手帳バインダー

手帳というと、文庫本サイズやポケットサイズのものを想像される方が多いかもしれません。ですが、こども手帳としてはA5サイズ、しかも、バインダー式のシステム手帳をおすすめしています。

理由は、幼稚園や学校で配られているプリント類は、ほとんどがA4サイズなので、それを半分に折ってはさめるサイズがA5サイズだからです。

身近にある必要な紙を、穴をあければ簡単にはさめるバインダーということで、このサイズをおすすめしています。

システム手帳バインダーは、大きな文房具屋さんなどの手帳コーナーに置いてあります。システム手帳の規格は6つ穴です。

革カバーのもの、硬いクラフト用紙のものなどいろいろあります。子どもが使いやすいものを選んでください。

私がおすすめしているのは、リングは金属製で、バインダー本体はプラスチック製のものです（左ページ参照）。

このバインダーは、軽くてページがめくりやすいのが特徴です。手帳コーナーで、「A5システム手帳保存用ファイル」などという名前で販売されている場合もあります。

手っ取り早くはじめたいなら、100円ショップで売っている、2つ穴のバインダーでもOKです。ただし2つ穴のものは、穴の数が少ない分、はさんだものが動きやすくて、安定しません。また、穴への負荷が大きいので、はさんだものが穴の部分から破れ、外れてしまう恐れがあります。

ドーナツ型の穴補強シールやマスキングテープ（14ページ参照）などで破れないように加工して使うようにしてください。

②穴あけパンチ

バインダーに好きなものをはさむために、穴をあけるパンチが必要です。

一般的な事務用品として使われている2つ穴のものや1つ穴のものは、100円ショップでも購入できます。これで手帳にはさみたいものにファイル用の穴をあけることができます。

穴をあける方法は、パンチの裏側のカバーを外し、穴の位置が見えるようにしておきます。

A５サイズシステム手帳バインダー

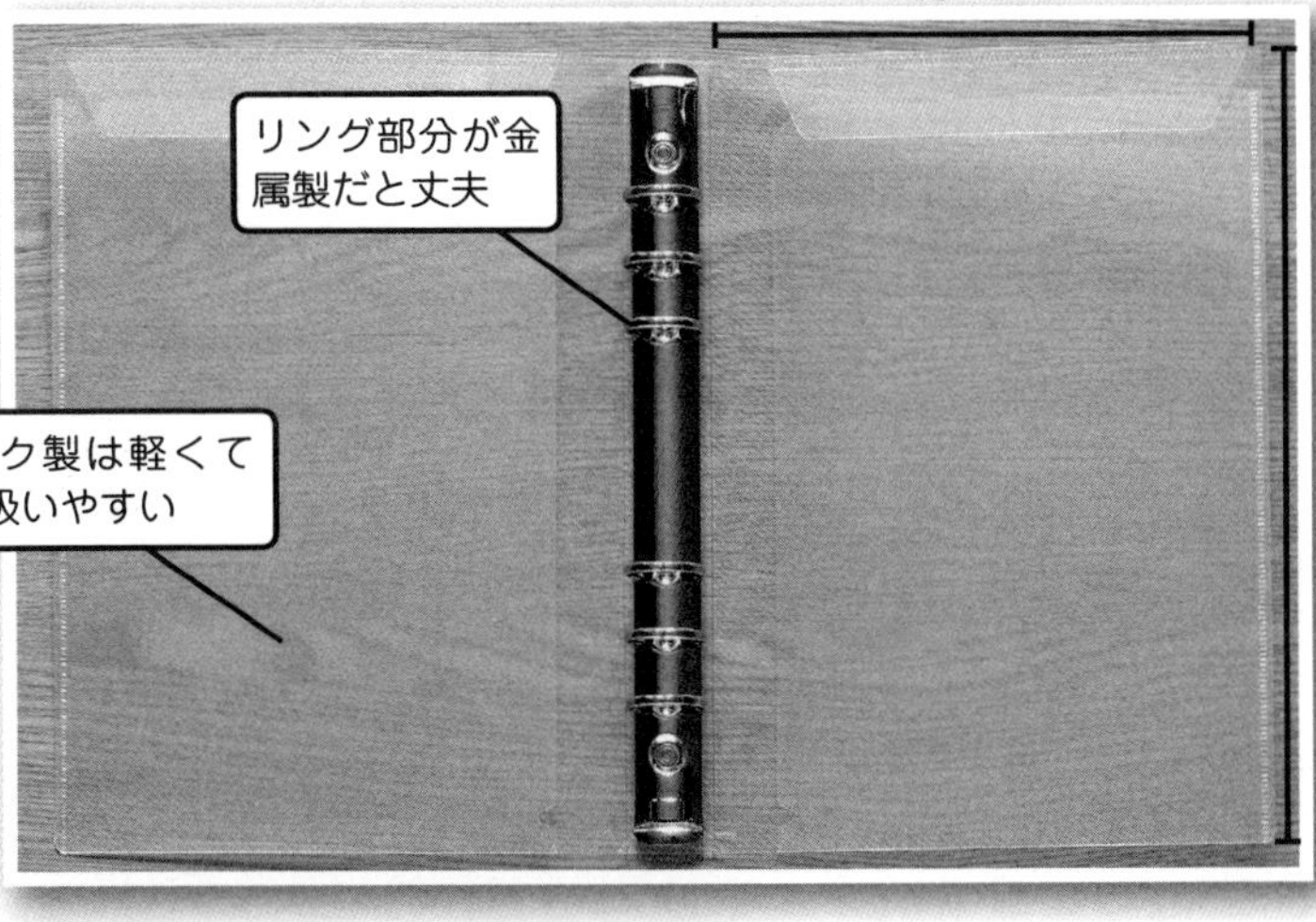
約 18cm
約 23cm
リング部分が金属製だと丈夫
プラスチック製は軽くて子どもでも扱いやすい

お気に入りの写真やイラストをA５サイズの紙に印刷して表紙にはさめば、あっと言う間にオリジナル手帳に！

布の手帳カバーで自分好みにアレンジするのもおすすめ。これは私と娘の手帳カバーです

いろいろな穴あけパンチ

携帯用パンチも便利ですが、クリアファイルやファスナー袋などの厚みのあるものに穴をあけるときは卓上パンチがおすすめ
2つ穴パンチ
卓上6つ穴パンチ
1つ穴パンチ
携帯用6つ穴パンチ
6つ穴は一度にすべての穴をあけられるのでラクチン♪
家にある1つ穴や2つ穴パンチでもOK

手帳にはさみたい紙をバインダーのリングにはさみ、穴の位置に目印をつけます。この目印の位置にパンチの穴を合わせて、1つずつ6か所穴をあけていきます。

6つ穴システム手帳サイズ専用の穴あけパンチもあります。バインダー同様、大きな文房具屋さんのシステム手帳コーナーで売っています。手帳にはさんで持ち運べる携帯用パンチや一度に何枚もの紙に穴をあけることができる卓上パンチがあります。

6つ穴パンチは一度に6つの穴をあけることができるので、とても便利です。

どんなタイプのものでもかまいませんので、穴あけパンチを1つ用意してください。

2

ステップ②
「自分でできる！」を増やしていく

そこで、まずは1日のこと、朝起きてから寝るまでを考えていきます。

「早く着替えなさい」「歯は磨いたの？」「ハンカチ持った？」「宿題やりなさい！」など、あれこれ言わなければ子どもができていないことがたくさんあると思います。

ステップ2では、これを親が言わなくても子どもが自分で動けるようにするのが目標です。

「親に言われなくても手帳があったから、自分でできた！」という小さな成功体験を積み重ねることで、手帳が子どもにとって便利なアイテムとなっていきます。

ステップ1で感じた「手帳って楽しい」という思いに、**ステップ2では、「手帳って便利」という思いをプラスしていきましょう。**

「手帳があったからできた」を体感する

手帳に好きなものをはさんで、よく見るようになったり、「この手帳は自分のもの！」という感覚になって手帳と仲よくなってきたら、ステップアップしていきます。

「手帳だから、次はカレンダーだよね？」と思った方、ごめんなさい。まだカレンダーではありません。

CHAPTER 1でも少し触れましたが、子どもは目の前のことが一番な生きもので、基本的には「その場暮らし」です。その子どもに長期的なスケジュールを考えなさいと言っても理解するのは難しいのです。

日常で困っていること、自分でできるようになってほしいこと、親の思いや子どもの気持ちは、それぞれ違います。そのため、手帳に盛り込む内容は、使う子によって大きく変わります。年齢、性格、今できていること、できないことに合わせて作っていきましょう。

また、子どもの成長は早いので、成長に応じてどんどん内容を変え、「今」必要な内容になるようにアレンジしていくことが大切です。

「見えないからわからない、わからないからできない」を、「書いて、見て、できる」に変えていきましょう。

「予定」と「やること」の違い

まず、子どもの生活を見える形にしていきます。**子どもに限らず、私たちの生活は大きく分けると「予定」と「やること」で成り立っています。**これを手帳に書いて、目に見えるようにします。

具体的に子どもの生活を考えてみましょう。

「予定」とは、学校へ行く、水泳教室へ行く、歯医者さんへ行く、おじいちゃんの家に行くなどです。つまり、相手がいる、時間が決まっているなど、**やるタイミングが決まっていて、動かせないものを指します。**

「やること」とは、学校からのお手紙を出す、宿題をする、お風呂を洗う、ゲームをするなどです。

いつ、どんなタイミングでやるのか、子どもが自分で決めることができるものです。

これらを、頭の中で組み立てて、次は何をやろうか、何からやったらいいかと考えながら1日を過ごすのは、大人でも難しいことです。

それを、目に見えないものを理解する力が弱く、経験値も少ない子どもがやろうとすると、宿題をやらなくてはいけないのにテレビに夢中になったり、家を出る時間になってもしたくが終わらなかったりと、うまくいかないのです。

そして、スケジュール帳を使って自分の行動を把握させようとしても、「予定」が書いてあるだけなので、うまくいかないことが多いのです。

とくに子どもは、大人にとっては当たり前にできると思っている「やること」がまだ生活習慣として身についていませんので、この「やること」をはっきりわかるようにしなくてはなりません。

「予定」と「やること」を見える化する

「親に言われなくても手帳があれば自分でできる！」を実現するために、「デイリースケジュール」というシートを活用して、やることを目に見える形にします。

「予定」はデイリースケジュールに直接書き、「やること」はフセンに書いてデイリースケジュールに貼って、1日の生活を手帳の中で組み立てていくのです。

こうすることで、漠然としていた1日の過ごし方を、具体的に何をどんな順番でやればいいのかがわかるようになります。

今まで親がガミガミ言って子どもがしぶしぶやっていたことが、手帳を見れば自分のやることがわかるようになり、言われなくてもできるようになります。

親子で同じ認識ができるので、「宿題やったの？」「先にあれをやったら？」と何度も口で確認や、指示をする必要もなくなります。

ステップ2で必須の3アイテム

それでは、ステップ2で使う「デイリースケジュール」と「フセンシート」、「フセン」の3アイテムについて、詳しく説明します。

①デイリースケジュール

デイリースケジュールとは、自分の1日の過ごし方の計画を立てるときに使う予定表です。時間や予定を書き込み、やることを書いたフセンを貼って計画を立てます。

シートの上に、フセンを貼ったりはがしたりして使うので、1つのシートを何回も使いまわすことができます。

「デイリースケジュール」といっても、1枚のシートで朝起きてから寝るまでのすべてを計画しなくてもかまいません。朝のシート、夜のシートなど1日を数枚に分けることもできます。

また、習い事のある日、学校が休みの日などいくつかのパターンを用意しておくこともできます。

未就学児の場合は、やることが集中している「朝のしたく」と「帰ってきてからやること」の2枚を用意するといいでしょう。

小学校低学年の子も、未就学児と大きく変わらず「朝のしたく」と「夕方以降（学校から帰ってきたら）」の2枚に分けると、やることがわかりやすいです。

習い事や塾があり、夕方の過ごし方にいくつかパターンがあれば「夕方以降」のデイリースケジュールを習い事のある日とない日の2パターン作るのもよいでしょう。

小学校高学年になると、塾や習い事のある日が増えてくると思いますので、曜日ごとに7枚を用意するのがおすすめです。朝のしたくはもう細かく書いておかなくてもできる場合が多いので、朝と夕方に分けず、1枚で1日を表わしてもよいでしょう。

本書では、このように年齢に合わせて、次の3つのタイプのデイリースケジュールを紹介します。生活パターンと用途に合わせて用意してみてください。

未就学児向けデイリースケジュールA

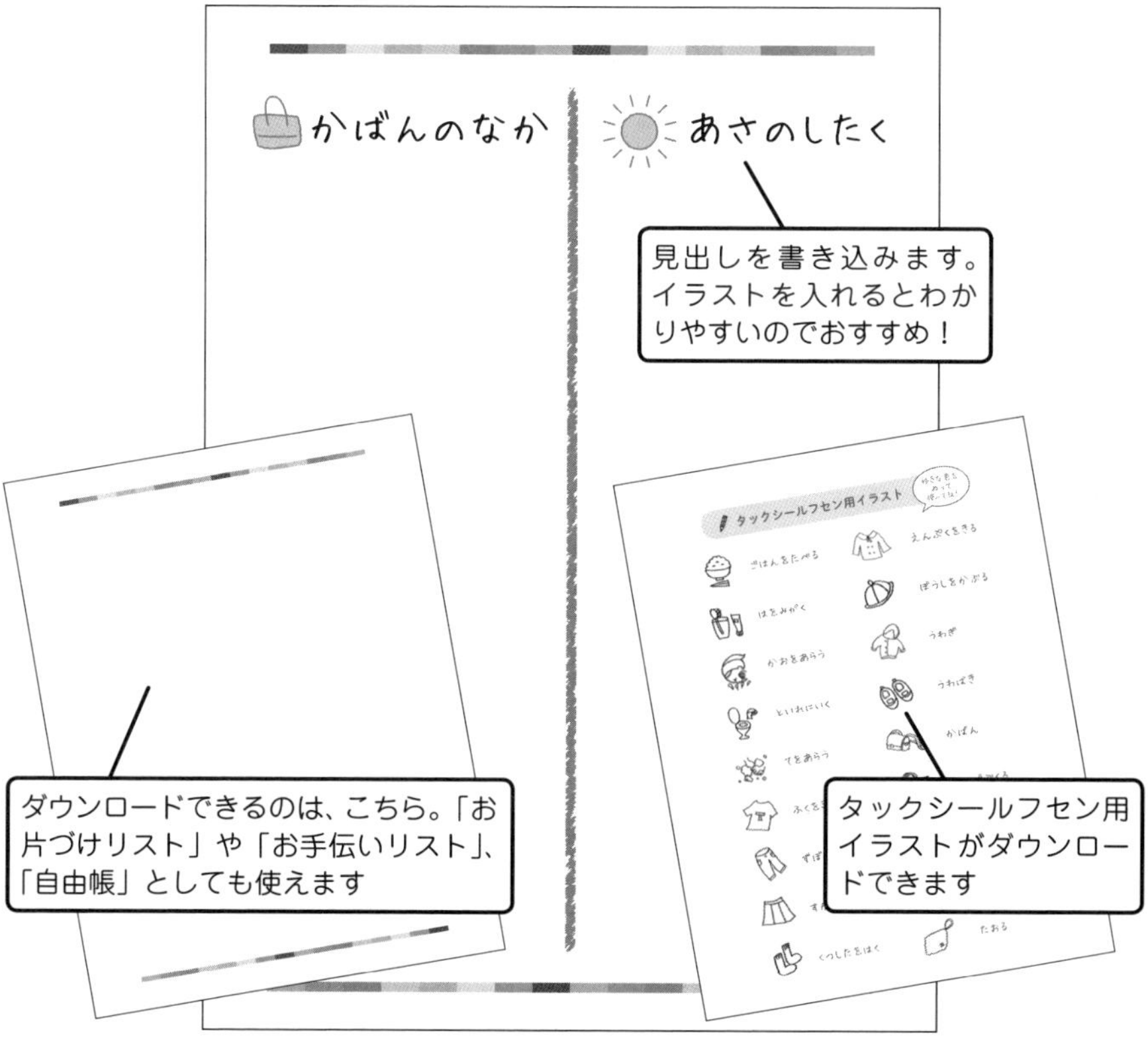
かばんのなか
あさのしたく
見出しを書き込みます。イラストを入れるとわかりやすいのでおすすめ！
ダウンロードできるのは、こちら。「お片づけリスト」や「お手伝いリスト」、「自由帳」としても使えます
タックシールフセン用イラストがダウンロードできます

※ダウンロード方法は、190ページをご覧ください

◉Aタイプ

とくに決まった形はないので、子どもが好きな紙でOKです。お気に入りの便せんなどに穴をあけるだけで完成です。

「朝のしたく」「かばんの中」などの見出しを書き込み、やることを書いたフセン（やることフセン）をここに貼ることで、やることが見えるようになり、言われなくても自分で何をやればいいかがわかるようになります。

小学校低学年向けデイリースケジュールB

持ちもの欄あり

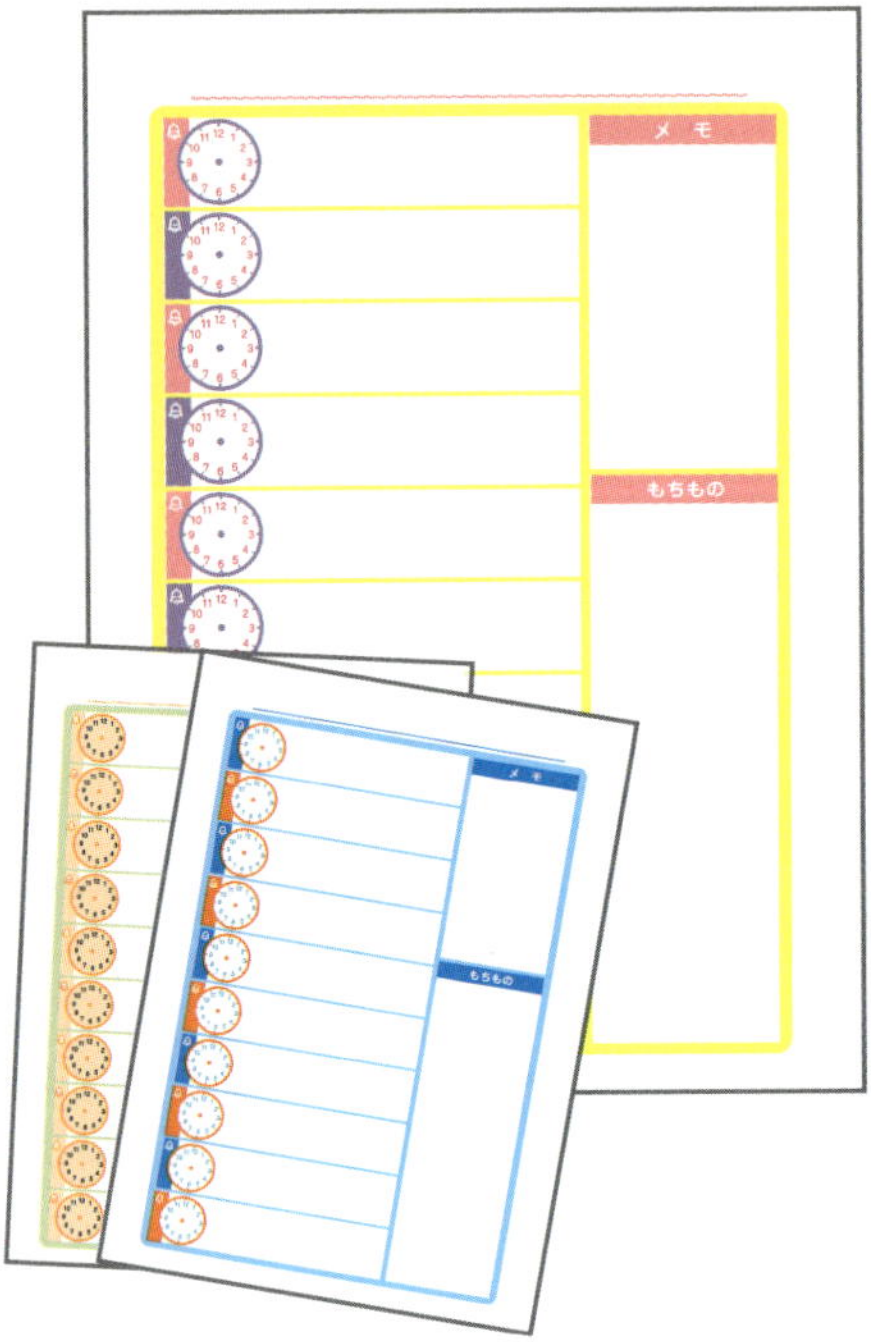

持ちもの欄なし

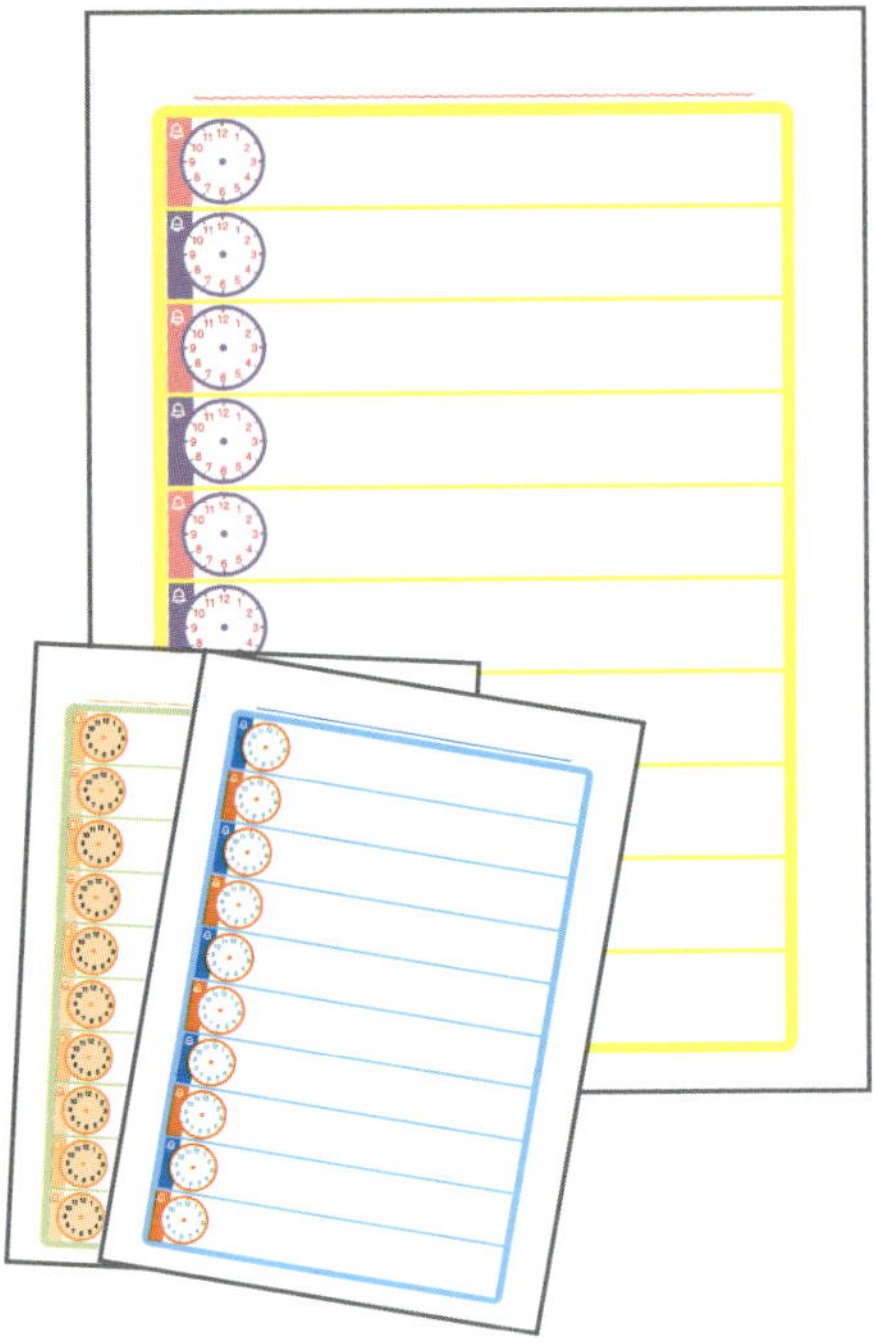

※ダウンロード方法は、190ページをご覧ください

◉Bタイプ

時計マークに針を入れて時間を書き、やることを書いたフセンを右に貼るタイプです。

時計のイラストと実際の時計を見くらべて、時計を読む練習ができ、やることと時間を一緒に意識することができます。

針を描くときは、長針と短針を別の色にするとわかりやすくなります。

緑、黄、青の3色、持ちもの欄あり・なしの計6パターンがダウンロードできます。

小学校高学年向けデイリースケジュールC

持ちもの欄あり

持ちもの欄なし

※ダウンロード方法は、190 ページをご覧ください

◉Cタイプ

時間軸をデジタル表記で書き込むタイプです。時間の枠が30分ごとで区切られていて、時間を均等に見ることができます。大人の手帳にもあるタイプです。

塾などの「予定」があり、限られた時間の中で、「やること」をいつやればいいのか、細かく計画できます。

黄、青の2色、持ちもの欄あり・なしの計4パターンがダウンロードできます。

②フセンシート

デイリースケジュールに貼ったフセンに書かれたやることをやり終えたら、そのフセンを貼る場所が「フセンシート」です。デイリースケジュールの隣のページにはさみます。

左ページのデイリースケジュールから右ページにフセンを移動させることで、すでにできたことと、これからやることをはっきり見分けることができます。

「今日はもうこんなにできた！」という自信につながったり、「まだ全然できていないから、今から頑張らないと寝る時間が遅くなっちゃう！」と自分で意識するきっかけになります。

また、子どもだけでなく、フセンシートを見た親も「これはもう終わったんだね」と子どもの状況を確認することができて便利です。

フセンシートは、好きな紙に穴をあけただけのものでかまいませんが、クリアファイルを切って、穴をあければ、紙より丈夫なシートが作れます（13ページ参照）。

③フセン（やることフセン）

やることを書いたフセンを本書では「やることフセン」と呼びます。

「やること」「持ちもの」「お手伝い」「夢・願いごと」などはフセンに書いて、移動させたり、別の日でも使いまわせるようにします。

用途に合わせてフセンの種類を使い分けるとより便利です。

◉紙タイプのフセン

デイリースケジュールに貼る、やることや、持ちもの、提出物、その他メモなどを書きます。

紙タイプのフセンは耐久性が低いので、「運動会」「参観日」などその日だけのこと、「牛乳パック」「集金袋」「絵の具セット」などのその日だけの持ちものを書くのに使いましょう。

デイリースケジュールに繰り返し貼る習い事の持ちものや毎朝やることなどは、次に紹介するフィルムフセンやタックシールフセンを使います。

貼ったフセンがはがれてなくなってしまうと大変ですので粘着力の強いものを選びましょう。

また、のりがついていない部分が長いとはがれ落ちやすいので、不要な部分を少しカットするとそれだけでもはがれにくくなります。

◉フィルムフセン

毎日（または頻繁に）やることや、繰り返し用意する持ちものなどを書きます。

フィルムフセンは比較的耐久性が高く、粘着力が強いものも多いので繰り返し使うことができます。シートの上でフセンを並び替えて、やる順番を計画したり、用意できた持ちものと、まだできていないものを貼り分けたりしやすいです。

ただし、フィルムフセンは油性マジックで書かないと文字が消えやすいのでご注意ください。

◉タックシールフセン

毎日（頻繁に）やることや、繰り返し用意する持ちものなどを書きます。用途、使い方は、フィルムフセンと同じです。

タックシールとは、裏面がシールになっている小型のラベル用紙です。貼ってはがせる、または、はがしやすいタイプのものを選びましょう。

フセンと違い全面にノリがついていてはがれにくいので、未就学児におすすめです。大きめのタックシールに文字と絵を描いて使用すると字が読めない子にもわかりやすくなります。

ただし、「タックシールフセン」というものが売っているわけではありません。タックシールとマスキングテープで作ります。作り方は55ページで紹介します。

フセンの種類

全面にノリがついているので、マスキングテープでつまみをつけると使いやすいです

タックシールフセン

タックシールはしっかり貼れます。大きいので未就学児におすすめ！

紙タイプのフセン

フィルムフセン

紙タイプのフセンは弱いので1回きりのやること、持ちものなどを書くのに便利

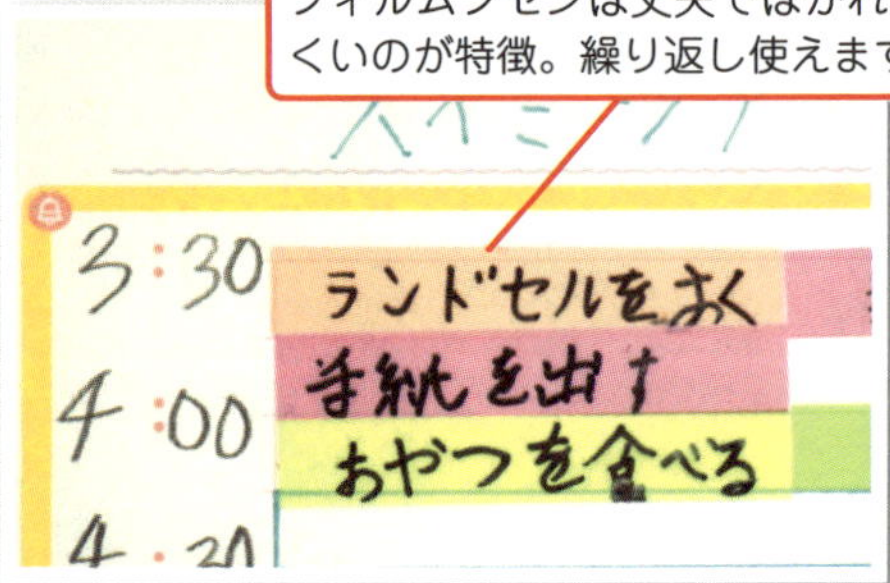

フィルムフセンは丈夫ではがれにくいのが特徴。繰り返し使えます

タックシールフセンの作り方

1 タックシールの端にマスキングテープを貼る

2 マスキングテープを少し引っ張ってタックシールを半分はがし、裏（粘着面）に折り込む

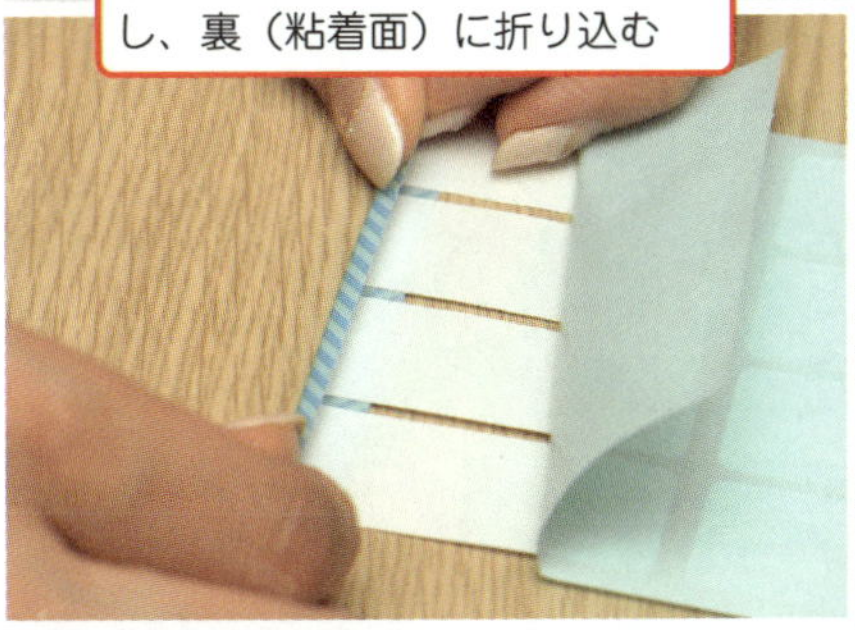

3 マスキングテープのつながっている部分を切り離す

用意するもの

タックシールフセン

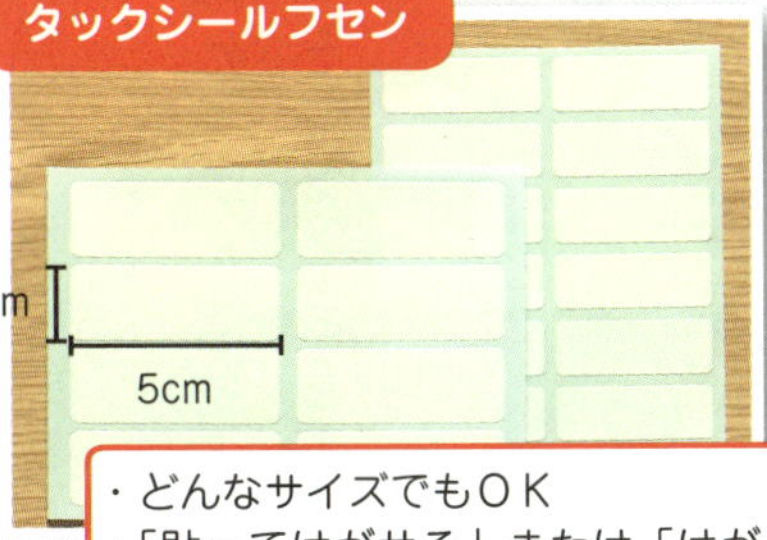

- どんなサイズでもＯＫ
- 「貼ってはがせる」または「はがしやすい」というノリが弱めのもの
- 100 円ショップで購入可能

マスキングテープ

- 裏に折り込むので 1.5cm 以上幅があるものがおすすめ
- 100 円ショップで購入可能

デイリースケジュールの作り方

デイリースケジュールのシートとフセンが用意できたら、親子で会話をしながら、手帳の中身を作っていきましょう。

最初に、毎日の生活の中で困っていること、できるようになりたいことは何かを親子で話し合ってください。

「スイミングに行くしたくが遅くて遅刻ギリギリで家を出るのを何とかしたい」「宿題が終わらなくて、寝るのが遅くなっちゃう」など、具体的に今、困っていることを挙げてみてください。

そして、それを改善するためのデイリースケジュールとやることフセンを作ります。

①やることフセンを作る（58ページ①）

「やること」を1つずつ、フセンに書きます。

必要に応じて、「持ちもの」や「お手伝い」などもフセンに書きます。

「やること」「お手伝い」などは、実際にはできていなくてもかまいません。本当はやる約束になっていること、やらなければならないこともすべてフセンに書きます。ポイントは、「細分化」です。子どもが見てわかる、自分自身でやれそうな程度に細かく書きます。

たとえば、「スイミングに行く準備」と書いても、何を準備すればいいのかわからない子も少なくありません。「水着に着替える」「荷物をカバンに入れる」など、細かく具体的にやることを書きます。

さらに「荷物」だけでは、何を入れるかわからないので、「Tシャツ」「ズボン」「パンツ」「ビニール袋」「タオル」「ぼうし」などのように、持ちものも1つずつ書き出しましょう。1枚のフセンに書くのは持ちもの1つです。やることと持ちもののフセンは色を変えるとわかりやすくなります。

フセンに文字を書くのは、親が書いても、子どもが書いてもいいです。小さなフセンに字を書くことを負担に感じる子もいるので、無理に子どもに書かせる必要はありません。

作業のポイントとしては、考えることは子ども自身が、それをまとめる、書くなどは親がお手伝いする、ということです。

「何をやっているかな？」「次は何だろう？」と子どもに声をかけて考えさせてください。

これらのフセンをいきなりデイリースケジュールに貼るのではなく、まずはコピー用紙など計画用のメモ用紙を1枚用意し、その左側にまとめて貼ります。

②現状を把握する（58ページ②）

①で書いたフセンを並び替えて計画を立てますが、その前に、今の状態を知るようにします。まずは、どんな順番で何をやっているのか、どのくらい時間がかかっているのかを考えてみましょう。

たとえば、「スイミングスクールがある日。したくが遅くていつも遅刻ギリギリになってしまう」という悩みを改善したいとき。

①で用意したメモ用紙を使って、そのまま計画します。用紙の右側に、帰宅時間「3時」と記入し、その横に「学校から帰ってくる」というフセンを左から右へ移して貼ります。

順番に、いつも次にやっていることを書いたフセンをその下に貼り、時間を記入します。

すべてのフセンのやっている時間を書かなくてもかまいません。何時までに何をやっているのか、大まかな時間配分がわかればいいです。

未就学児は時計がわかりませんので、「何をやっているかな？」「どんな順番でやっているかな？」と、やることの内容とタイミングを尋ねます。時計を本格的に学ぶ小学2年生以上であれば、「今は何時にやっているかな？」「次は何をやって

デイリースケジュールの計画の仕方

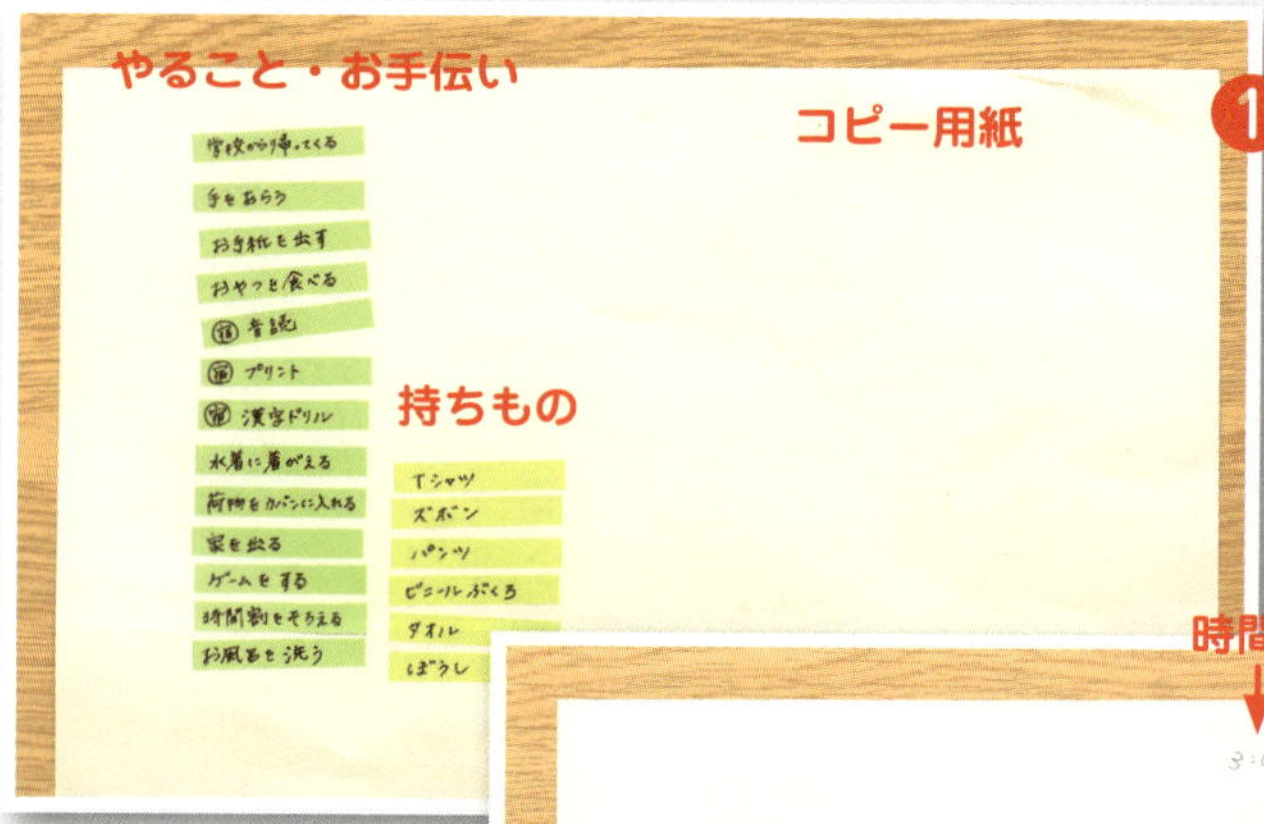
やること・お手伝い
コピー用紙
持ちもの

1 コピー用紙などの左側にやること、やれるようになりたいこと、持ちものなどを書いたフセンを貼る

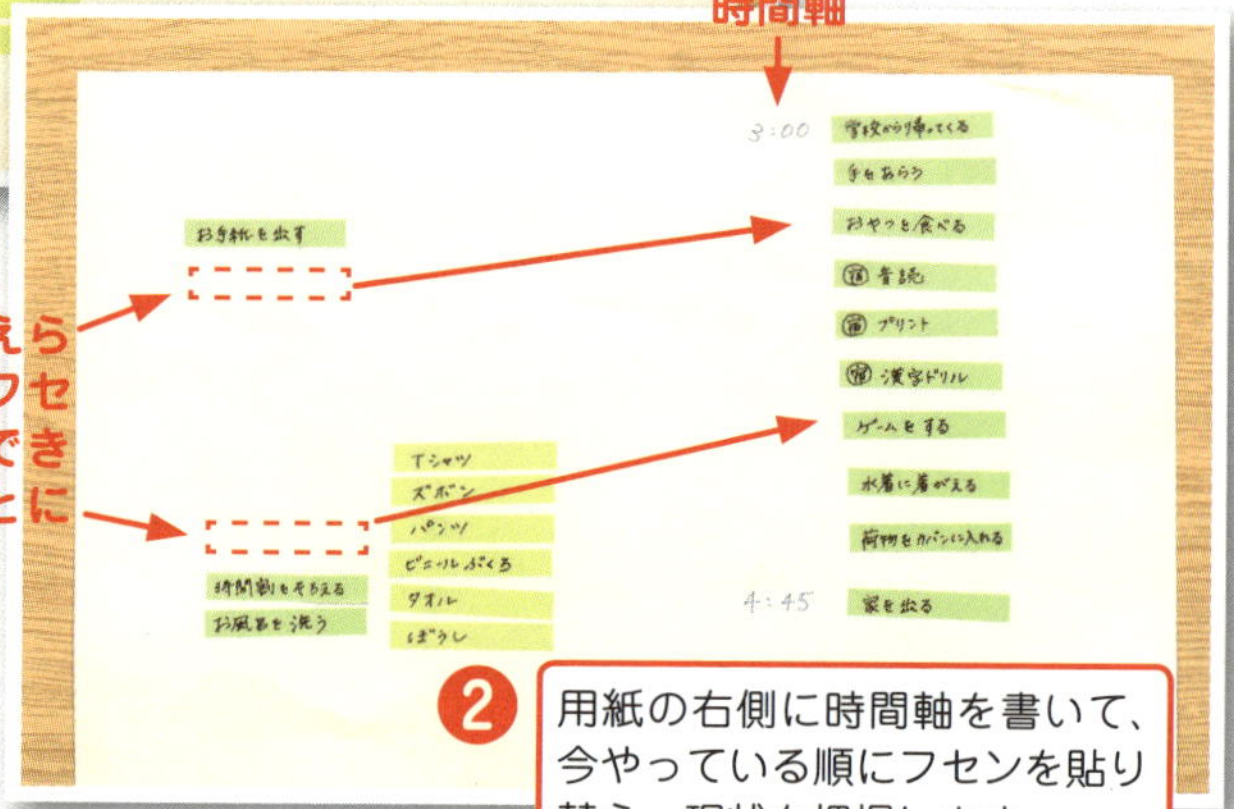
時間軸
右に貼り替えられなかったフセンは、現状できていないことになります

2 用紙の右側に時間軸を書いて、今やっている順にフセンを貼り替え、現状を把握します

3 左側に残っているフセンを貼れるように親子で相談して調整します
ここでは、「お手紙を出す」と時間割をそろえる」ができるようになるように、「ゲームをする」はこの時間帯にはやらないことに

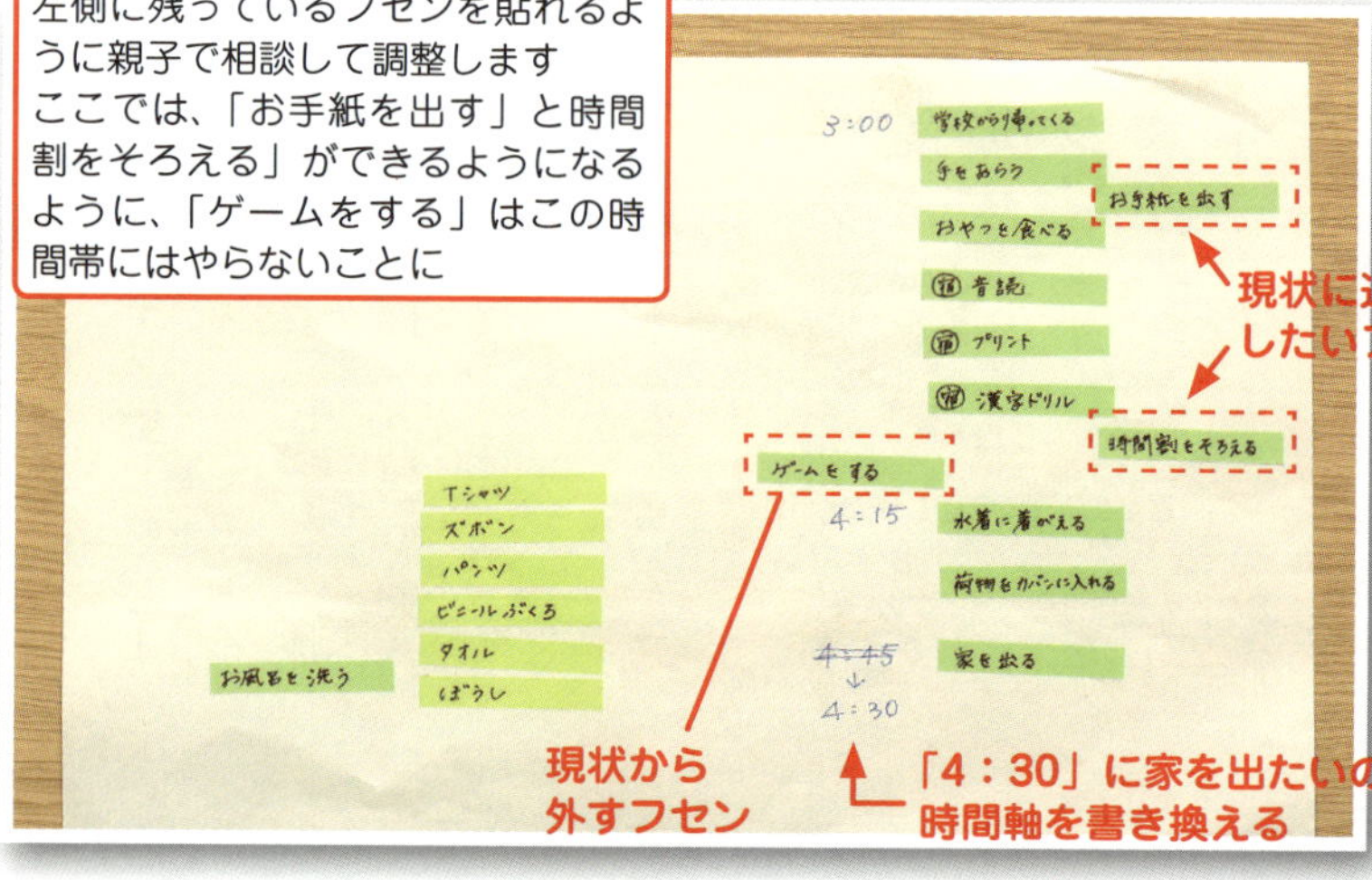
現状に追加したいフセン
現状から外すフセン
「4：30」に家を出たいので、時間軸を書き換える

4 計画が固まったら、デイリースケジュールに貼り替えます

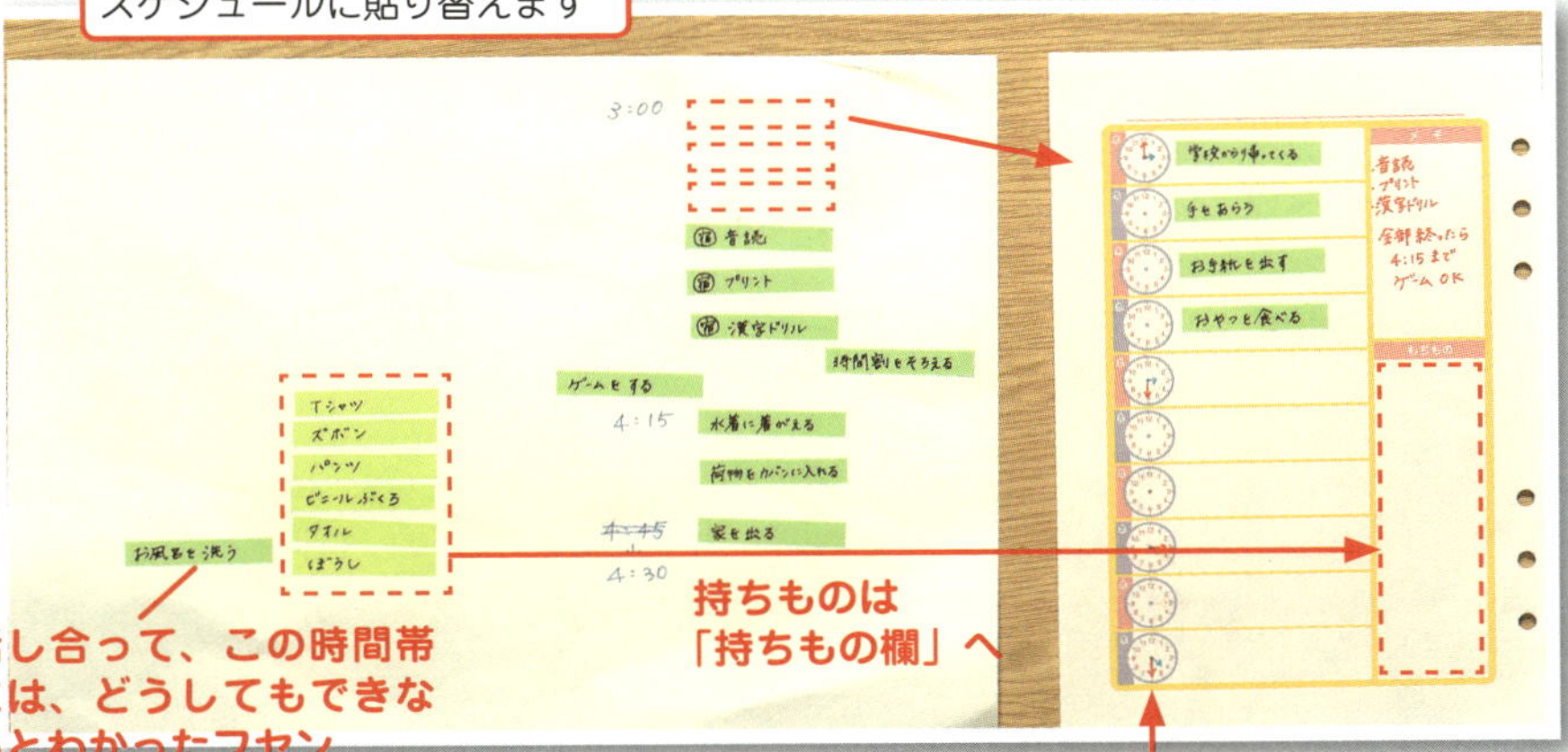

話し合って、この時間帯には、どうしてもできないとわかったフセン

持ちものは「持ちもの欄」へ

時間を記入

貼れなかった「ゲームをする」はメモ欄にルールを書いて、ルール内ならOKに！

完成

いるかな?」など子どもに質問をして、子ども自身が現状を知るお手伝いをしてください。

このように、いつもやっている順番に右側に貼っていくと、①で書いたやることフセンの中で今、やれていないことは貼れないので左側に残ります。

つまり、右側に貼れたフセンは今やれていること、貼れなかったフセンは、これからできるようになりたいこと、になります。これで、やれていること、やれていないことの現状が見えてきます。

③計画をする(58ページ③)

②で現状を把握しました。そこで、次にこの困っている状況を解消するためには、どうしたらよいかを子どもと一緒に考えます。

たとえば、4時45分に家を出ているのが現状であれば、余裕をもって家を出たいので、「4時30分に家を出る」という計画を考えます。

メモ用紙の右側を使って、この時間帯にやらなくてもいいことを外す、やる順番を変えるなど、フセンを並べ替えて計画するのです。親は子どもに質問して、子ども自身が考えられるようにお手伝いしてあげてください。くれぐれも、「こっちを先にやらなきゃダメでしょ」「こんな順番は無理だよ」などと、親の考えを強く押しつけないように注意してください。

ただし、子どもは時間の感覚が十分に育っていません。「4時30分に家を出るためには、何時に着替えをすれば間に合うかな?」と質問しても、本人もよくわかっていないと思います。書いて並べたフセンを見ながら、「今はこの順番でやっていて、スイミングに行く時間が遅くなっちゃっているんだよね。早く出るために、スイミングから帰ってきてからやればいいことはないかな?」など、具体的にイメージしやすい質問をすると、子どもは考えやすくなります。

あくまで主役は子どもであることを念頭に置き、会話をしながら、一緒に考えてください。

できれば、②で現状を把握したときに、「できていないこと」として、右側に貼れなかったこともできるようになる計画を立てたいですね。そのために、フセンに書いたのですから。

しかし、やれていないことをすべて右側に移そうとは考えず、少しずつできることを増やしていくほうが子どものやる気につながります。

1枚のデイリースケジュールの中には「7割できていること、3割これから頑張ること」程度の割合（7：3の法則）にするのが継続のポイントです。詰め込みすぎないように注意しながら計画を立ててください。

実際に計画通りにうまくいかなくても大丈夫です。うまくいっても、いかなくても、「自分で計画を立てて、やってみる」という経験をすることが重要だからです。失敗は、次の計画を立てるときの参考になります。

何度も貼ってはがせるのがフセンの特長です。うまくいきそうだな、と思う計画ができるまで、何度でもフセンを並べ替えてみてください。

また、実際やってみて、うまくいかなければ、いつでも修正できます。

④デイリースケジュールにフセンを貼り替える（59ページ④）

メモ用紙の上で計画ができたら、デイリースケジュールのシートに貼り替えます。習い事などの動かせない予定の時間と行動を直接記入して、やることフセンを先ほどのメモ用紙から貼り替えたら完成です。

年齢別デイリースケジュールの具体例

このデイリースケジュールとやることフセンは、

子どもによって内容が大きく変わってくる、こども手帳術のキモの部分です。

今、困っていること、これからやれるようになりたいことなど、CHAPTER 4の事例なども参考に、子どもに合わせていろいろなパターンを作ってみてください。ここでは、年齢別の具体例を詳しくご紹介します。

①未就学児(デイリースケジュールA)

未就学児の場合は、時間の感覚はまだほとんどありませんので、細かい時間軸は意識せず、やることを上から順番に1つひとつ見て行なう、ということを繰り返します。

3歳から6歳くらいは、生活習慣を身につける年頃。毎日、親が1から10まで指示していたことを手帳を見て自分でやれるようにします。

大きめのタックシールフセンや、フィルムフセン（53ページ参照）にやることを1つひとつ書いて、シールのようにやることフセンを作ります。作ったやることフセンを、やる順番に上からシートに並べて貼ったら完成です（左ページ参照）。

毎日、書いてあることを順番に行ない、終わったら、隣のページの「フセンシート」にフセンを移動させます。この年頃の子はシールを貼ることが好きな子が多いので、このフセンを移すという行為が楽しくて、やることを積極的に行なえるようになる場合が多いです。

できたことと、これからやることも一目瞭然。親子で確認もできるので、「早くやりなさい！」「あれはやったの!?」などの会話もなくなります。「歯磨きできた！」「シール動かした！」「次は、お着替えするぞ！」「やったあ！　できた！」という小さな「できた！」をいっぱい体験させてあげましょう。

未就学児は、長い見通しを立てるのは難しいです。しかも、子ども自身がやれるように細かく書

デイリースケジュールAの活用例

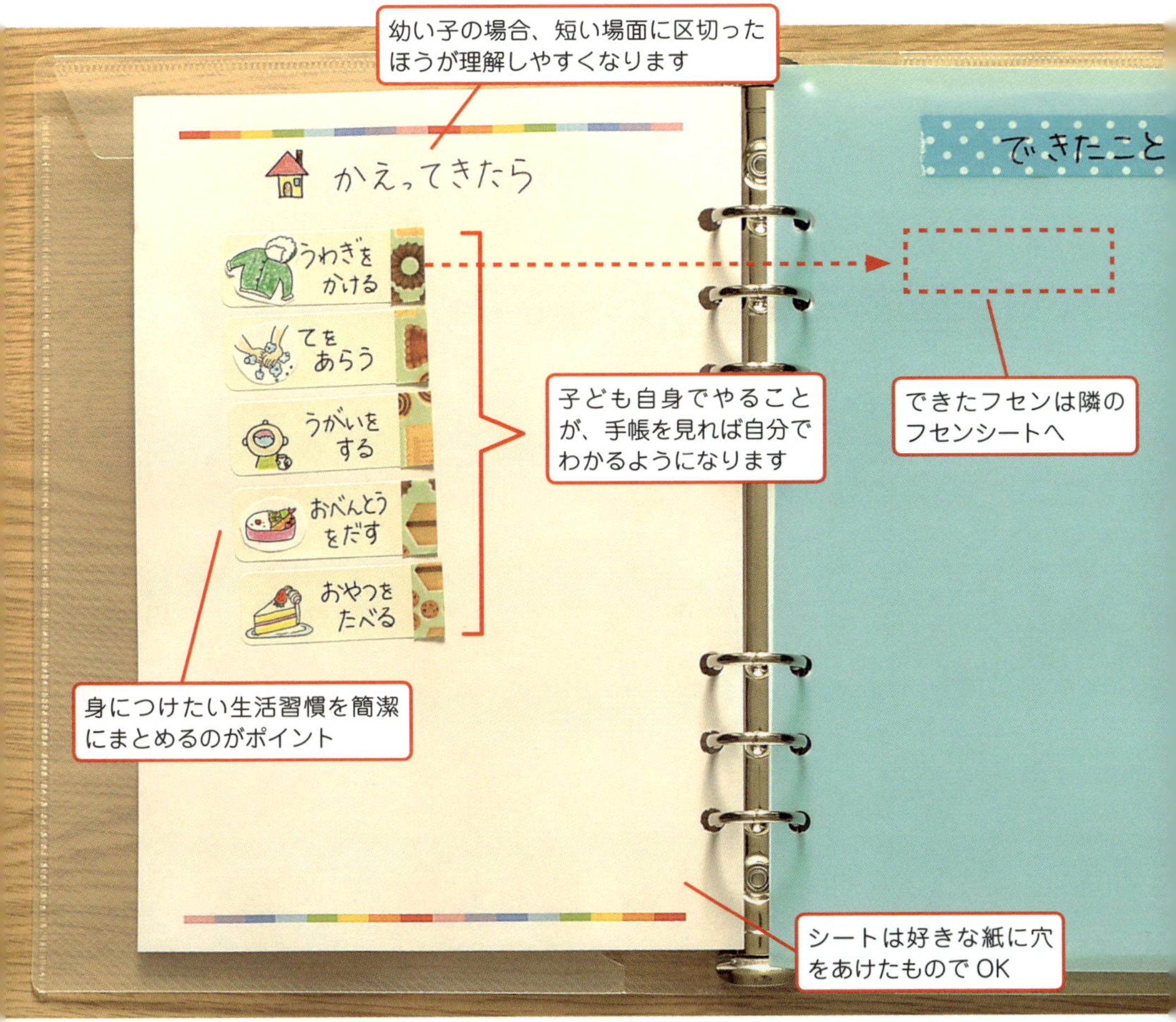
幼い子の場合、短い場面に区切ったほうが理解しやすくなります
かえってきたら
うわぎをかける
てをあらう
うがいをする
おべんとうをだす
おやつをたべる
できたこと
子ども自身でやることが、手帳を見れば自分でわかるようになります
できたフセンは隣のフセンシートへ
身につけたい生活習慣を簡潔にまとめるのがポイント
シートは好きな紙に穴をあけたものでOK

やることを絵でフセンに描き、好きな紙に貼って使います。上から順番に1つずつやり、終わったらフセンシートへ移動させると、これからやることと、終わったことが一目でわかります。

くので、1日にやること全部を書き出すと、大量のやることフセンができてしまうので、1枚のデイリースケジュールに貼りきれません。

たくさんのやることフセンがある場合は、何枚かのシートに分けて、1枚のシートに貼るフセンは、多くても10枚程度になるようにしてください。たとえば、「朝のしたくシート」「幼稚園持ちもの準備シート」「帰ってきてからおやつまでシート」などです。

そして、前述した、7：3の法則（61ページ参照）を忘れず、できていないことばかりの「頑張れシート」にならないように注意してください。

②小学校低学年（デイリースケジュールB）

デイリースケジュールはタイプBの時計のマークのついたものがおすすめです（66ページ参照）。

基本的な生活習慣が身につきはじめ、自分でできることが増えてくる年頃です。そして学校に通い出すと、少しずつ時間を意識して生活しなくてはならなくなります。

時計の読み方を覚える年頃でもありますので、デイリースケジュールに書いた時計と、実際の時計を見くらべてやることの時間を知ったり、「あと○分でこれをやらなくちゃ」など、自分のやることを把握できるようにしていきます。

やることフセンの書き方としては、未就学児よりも習慣として身についていることが多いので、無意識でできるようになっていることは書かない、または、まとめて書いても大丈夫です。

たとえば、朝起きて必ずトイレに行く習慣ができていれば、わざわざ「トイレに行く」というフセンを作らなくてもOKです。

小さい頃は、「パジャマを脱ぐ」「服を着る」と書いていたけれど、できるようになっていたら、「着替える」だけでかまいません。

代わりに、「パジャマは洗濯カゴへ入れる」というフセンを足してもいいかもしれません。

習慣化した内容をフセンに書かない代わりに、お手伝いやできるようになりたいことなどを書いてみてください。

ただし、7：3の法則は忘れずに、できることが増えたら、チャレンジすることを増やすようにしてみてください。

同じページに、お手伝いや、持ちものなどもフセンに書いて貼っておくと「自分でできる！」がさらに達成できます。

また前述したように、習い事などに合わせて「ピアノの日シート」「習い事のない日シート」など、いくつかパターンを用意しておくと便利です。

③小学校高学年（デイリースケジュールC）

身の回りのことは何でも自分でできるようになる一方、「やること」が増えてくる年代です。

限られた時間の中で、何をいつやればいいのか、計画して行なっていかなくてはならなくなってきます。これを手帳で考えられるようにしましょう。

1日の流れを把握できるCタイプが便利です（67ページ参照）。

「学校」「習い事」など時間が決まっている予定は、シートに直接書き込みます。それ以外のやること、たとえば「宿題をする」「ゲームをする」「習い事の準備をする」などは1つずつフセンに書きます。

予定が書き込まれていない部分にフセンを貼って、どんな順番でやるかを考えます。

「お風呂に入る」「ご飯を食べる」など、当たり前にやっていることも、限られた時間の中で行なうことができるように「やること」としてフセンに書くのを忘れないようにしましょう。

シートは曜日ごとの7枚に分けるのがおすすめです。

デイリースケジュールBの活用例

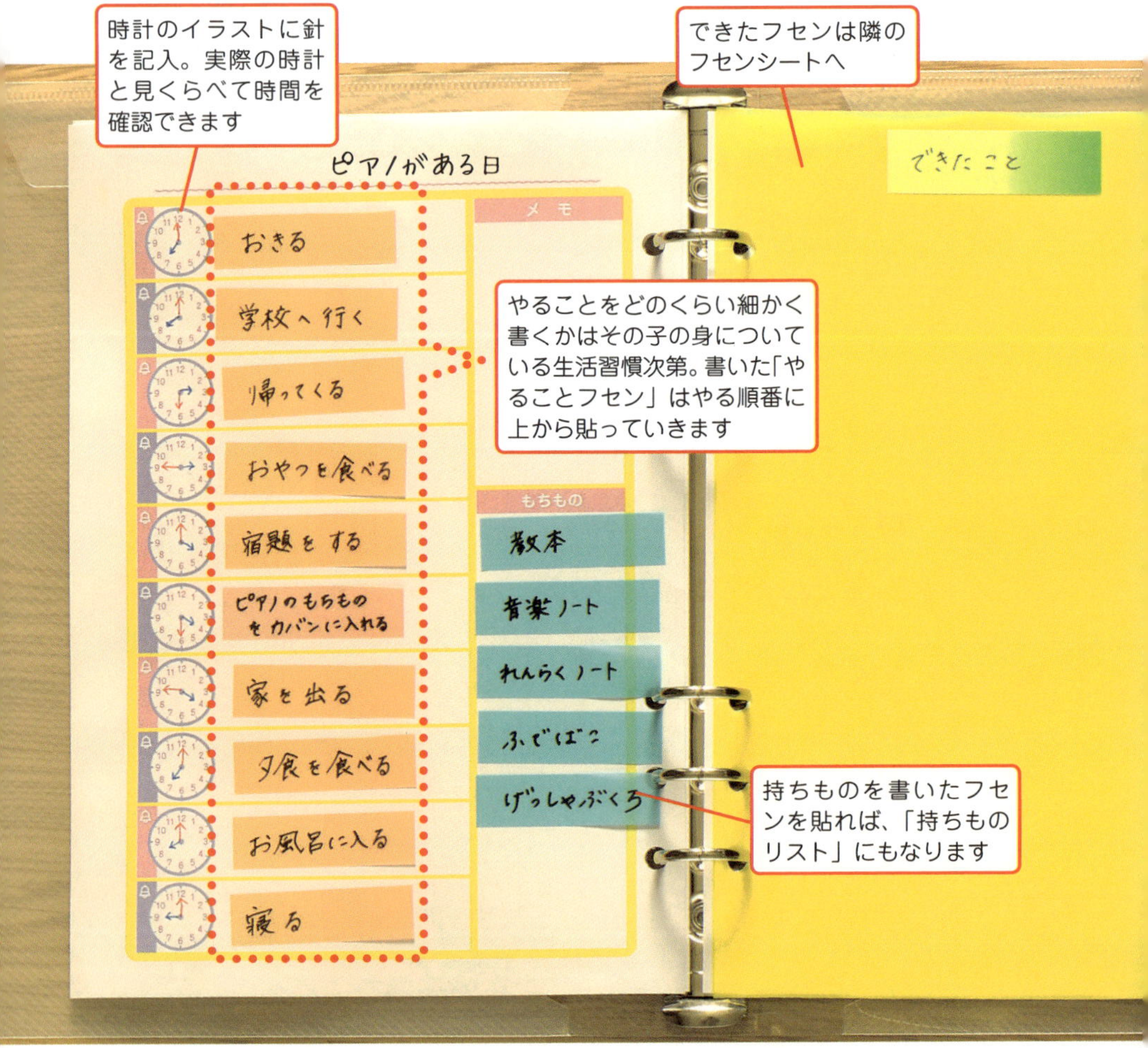
時計のイラストに針を記入。実際の時計と見くらべて時間を確認できます
できたフセンは隣のフセンシートへ
ピアノがある日
メモ
もちもの
できたこと
おきる
学校へ行く
帰ってくる
おやつを食べる
宿題をする
ピアノのもちものをカバンに入れる
家を出る
夕食を食べる
お風呂に入る
寝る
教本
音楽ノート
れんらくノート
ふでばこ
げっしゃぶくろ
やることをどのくらい細かく書くかはその子の身についている生活習慣次第。書いた「やることフセン」はやる順番に上から貼っていきます
持ちものを書いたフセンを貼れば、「持ちものリスト」にもなります

時計の読み方を覚える年頃の子におすすめ。時計の読み方を覚えながらやることも覚えていくことができます。「学校のある日」「習い事のある日」「朝のしたく」など、いくつかのパターンを用意して使い分けると便利です。

デイリースケジュールCの活用例

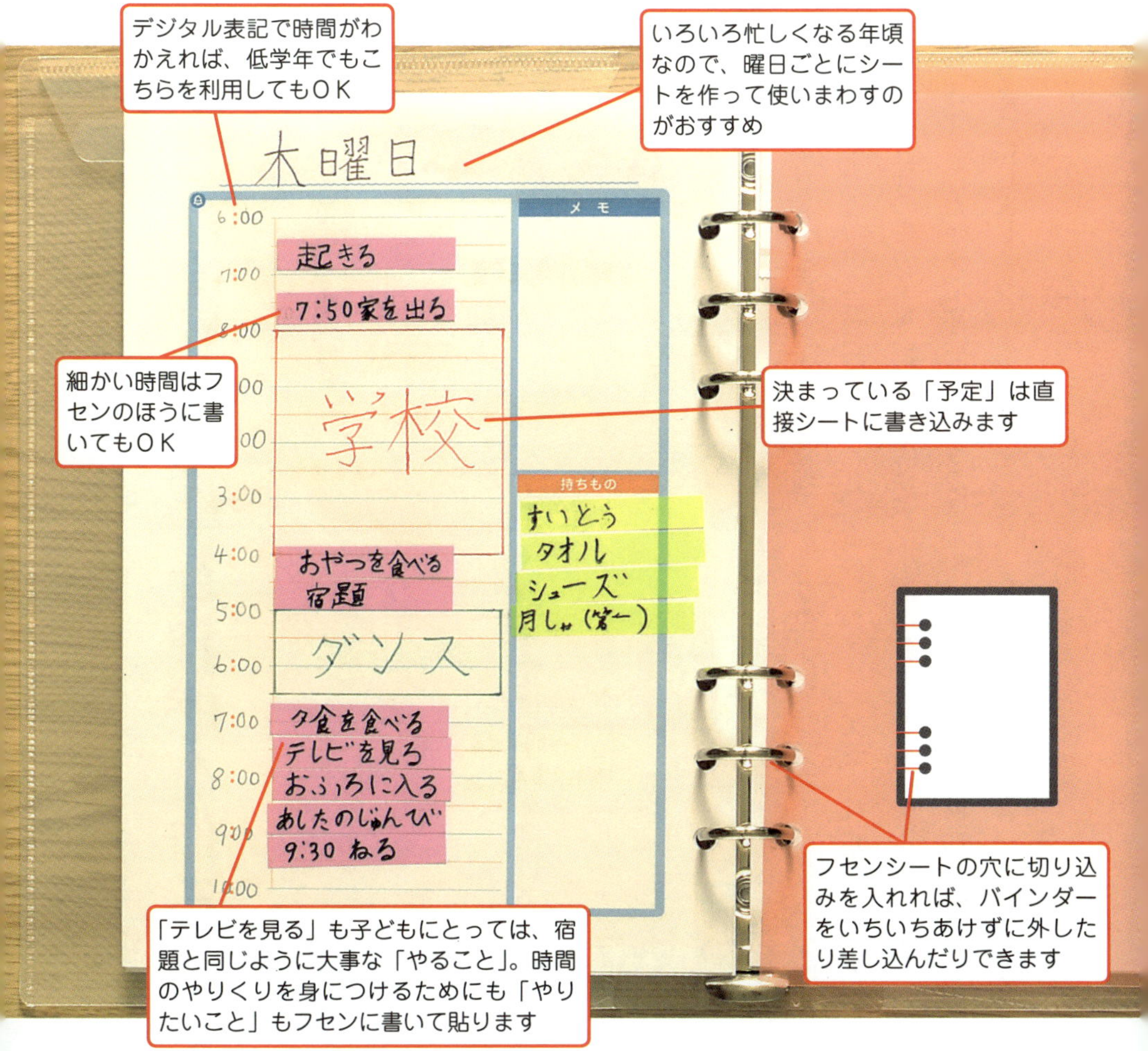
デジタル表記で時間がわかえれば、低学年でもこちらを利用してもOK
いろいろ忙しくなる年頃なので、曜日ごとにシートを作って使いまわすのがおすすめ
木曜日
メモ
起きる
7:50家を出る
細かい時間はフセンのほうに書いてもOK
学校
決まっている「予定」は直接シートに書き込みます
持ちもの
すいとう
タオル
シューズ
おやつを食べる
宿題
ダンス
夕食を食べる
テレビを見る
おふろに入る
あしたのじゅんび
9:30 ねる
フセンシートの穴に切り込みを入れれば、バインダーをいちいちあけずに外したり差し込んだりできます
「テレビを見る」も子どもにとっては、宿題と同じように大事な「やること」。時間のやりくりを身につけるためにも「やりたいこと」もフセンに書いて貼ります

決まっている予定は直接書き、やらなくてはならないこと、やりたいことはフセンに書いて、あいている時間に貼ります。時間が均等に割り振られているので、限られた時間の中で何をいつやればいいのか計画を立てることができます。

3

ステップ③

「明日が楽しみ！」な状態を作る

月間スケジュールで先を見通す

デイリースケジュールを活用し、「言われなくても自分でできる！」を体感できたら、いよいよ月間スケジュールシートをはさんで、スケジュール管理の機能を持たせます。

デイリースケジュールは1日、または、もっと短い時間のやることを把握するためのものでした。それに対して月間スケジュールは長期的な予定を見通すためのものです。

今まで、親がマネージャーとなってすべて管理していたことに、子ども自身が意識を向けるところからはじめます。**自分の先の予定に意識を向け、事前に確認、把握することが大切なんだということを体感できるようにしましょう。**

月間スケジュールもいろいろなタイプのものがありますが、一般的なカレンダータイプのものがおすすめです。

予定に意識を向ける

「これを見れば、自分の先の予定が全部わかる」となるように予定を記入します。

学校の予定は赤、塾や習い事の予定は青、家族みんなでの予定は緑など、色を分けて書くとわかりやすいです（70〜71ページ参照）。

A5サイズでも月間となると1日当たりの書く欄は大きくありませんので、ここに字を書くのは、子どもにとって結構な労力です。書くのは、親でOK。子どもは、書いてある予定を見て、自分の予定に意識を向けることからはじめましょう。

手帳というと、「手帳を書く」「手帳をつける」というように、「自分で書くことに意味がある」というイメージを持たれる方が多いです。もちろん将来的には自分の手帳に自分で書いて、自己管理していくことを目指します。しかし、こども手帳はまだそのもっとずっと手前の最初の一歩です。

書くことが大変だからやりたくないと感じてしまうのはもったいないので、親が書いてあげてください。学校のお手紙や、習い事の予定表を見て、予定を書きながら会話をすると、親子で一緒に予定を確認することができますのでおすすめです。予定を書く時間も親子のコミュニケーションの時間だと考えて楽しんでください。

フセンの活用でやることも管理

月間スケジュールに予定を記入しました。それ以外にも、予定と合わせて把握しておきたいことをフセンを使って記入することができます。

たとえば、予定に対する持ちもの。運動会、遠足などの予定と一緒に、持ちものをフセンに書いて貼っておくと用意しやすいです。

書類や集金袋など、提出するものもフセンに書いて、締切日より数日前に貼っておけば、忘れず提出できます。図書館の本の返却なども同様です。

これだけでも、今まで親から受け取って、学校へ持っていくだけだった行動が、「自分で認識して行動する」に変わります。

「言われたから集金袋を持って行く」という受け身の感覚から、「自分の集金袋を持って行く」「自分が絵の具セットを忘れた」という感覚に変わるため、忘れものをしにくくなりますし、ときには「お母さん、明日はベルマークを持って行く日だよ」と親をサポートしてくれることもあります。

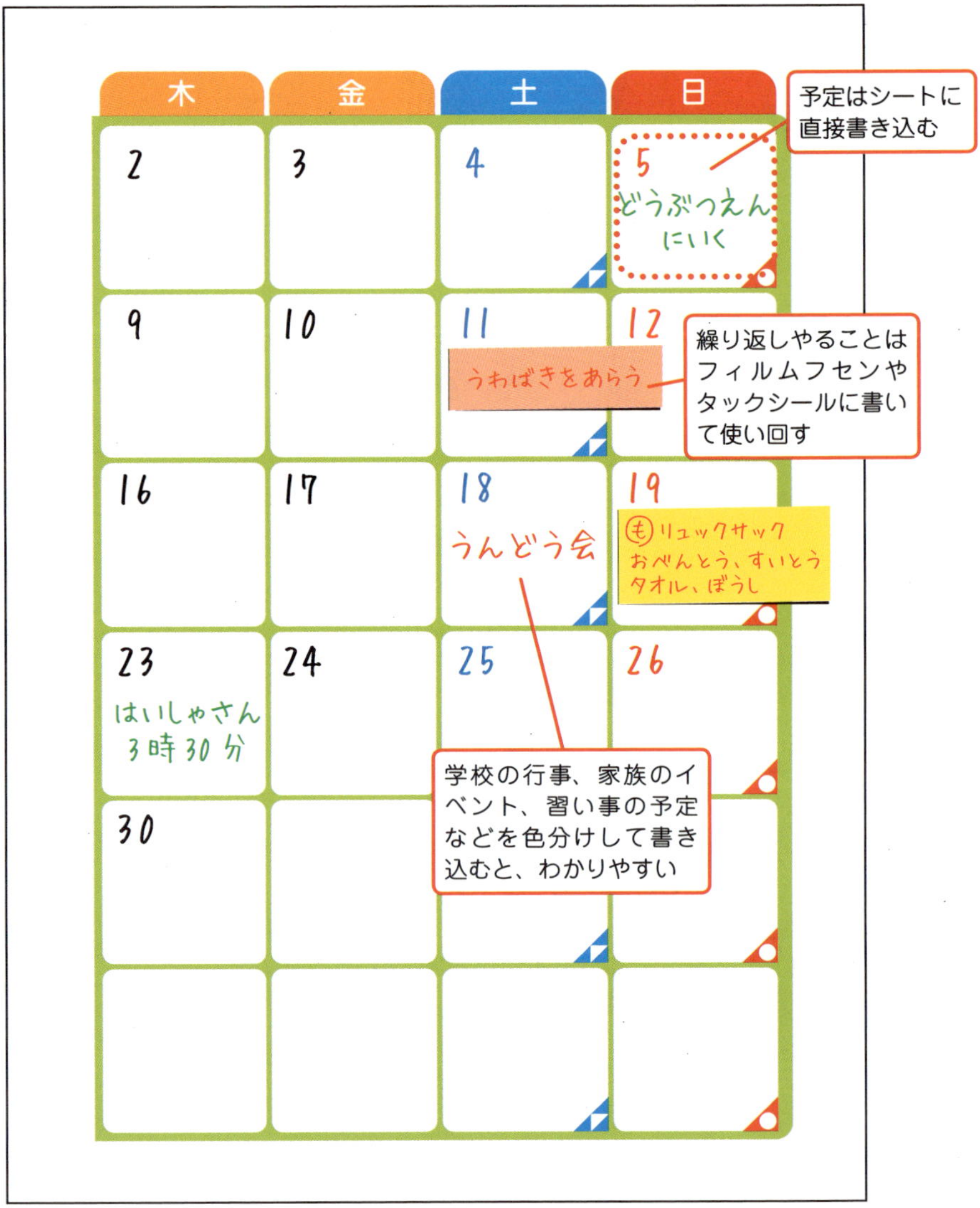
木
金
土
日
2
3
4
5
どうぶつえん
にいく
予定はシートに直接書き込む
9
10
11
12
うわばきをあらう
繰り返しやることはフィルムフセンやタックシールに書いて使い回す
16
17
18
19
うんどう会
㊉リュックサック
おべんとう、すいとう
タオル、ぼうし
23
はいしゃさん
3時30分
24
25
26
30
学校の行事、家族のイベント、習い事の予定などを色分けして書き込むと、わかりやすい

※このシートはダウンロードできます（190ページ参照）

月間スケジュールの活用例

数字を入れて、カレンダーを完成させてください
6月
月
火
水
1
6 朝会
7 スイミング
8
持ちものはフセンに書いて貼っておくと用意しやすい
13 朝会
14 スイミング
15
ⓜ みずぎ、ぼうし タオル、ゴーグル ビニールぶくろ
20 ふりかえ休日
21 スイミング
22
27 朝会
28 スイミング
29 ごぜんじゅぎょう
予定は親が記入してＯＫ
子どもが見慣れていて、１か月を簡単に見わたせるカレンダー式がおすすめ！

ほかにも、繰り返しやることなどをフセンに書いておくと便利です。

たとえば、土曜日に「上ばきを洗う」や、月初に「月謝袋を出す」など、フセンに書きます。これをやる日に貼っておき、終わったら、次にそれをやる日にフセンを貼り直します。これで毎回書く手間もなく、毎回忘れずに行なえます。

このフセンは繰り返し使うので、フィルムフセンや、タックシールフセンなどが使いやすいです。

その子のペースでステップアップを

月間スケジュールは、多くの方が一度は書いたことのあるものだと思いますので、あまり難しく考えずに感覚的に書いてみてください。子どもが見て一目でわかるようになっていれば、どんな書き方でも大丈夫です。

この部分が一般的にイメージする手帳に近いため、「早くこれをやらなくちゃ」と思われる方がいます。でも、ここはステップ3です。あせらず、必要な時期がきたら足せばいいのです。

とくに、未就学児など、小さな子どもは先を見通す力はまだありません。

昨日、今日、明日という感覚がわかってくる5歳前後、または、字を読むことに興味を持つ頃からはじめてみてはいかがでしょうか。字が読めない子どもに、「来週の予定は……」と言っても理解するのは難しいでしょう。

小学生になると、お友だちのお誕生日を書いたり、習い事の予定を書いたりすることに興味を持つ子もいます。予定を書くことを楽しみにしている子はステップ2のデイリースケジュールの活用と並行して、ステップ3もスタートさせるのもいいですね。

子どもの様子を見て、あせらずにステップアップしてください。

4 基本的な手帳シートのはさみ方

はさむ順番に正解はないけれど……

ここまで、こども手帳のさまざまな機能を紹介してきました。デイリースケジュールやフセンシートなどについて理解できたところで、よく「どんな順番ではさんだらいいですか？」という質問をいただきます。

ルールはたった1つだけ。

「デイリースケジュール」の隣に「フセンシート」を入れることだけです。フセンを移動させやすいように、この2つのシートだけは左右隣合わせでセットしてください。

ただ、そのほかのページのはさみ方に決まりや正解はなく、どんな順番でどんなものをはさんでもかまいません。

入れるものも、子どもと相談しながら決めていきます。子どもが、「やることが多すぎて、もう嫌！」とならないように、親の希望を押しつけず、子どもが開きたくなる手帳、大切にしたいと思える手帳になるように組み立てていきましょう。

そうは言っても、はじめは戸惑ってしまう方も多いと思います。

ここでは、未就学児、小学校低学年、小学校高学年の3つのパターン別に、一番シンプルなはさみ方を紹介します。

未就学児はステップ2、小学生はステップ3までできていることを想定した例です。

▼未就学児用のシートセッティング例

はさんでおきたいものは7種類で、順番は次の通りです。

1．好きなもの
2．デイリースケジュール（朝のしたく用）
3．フセンシート（両面）
4．デイリースケジュール（帰ってきたあと用）
5．お手伝いリストまたはお片づけリスト
6．できたよシート
7．夢・願いごとシート

以上の7種類が未就学児におすすめのセットです。ただし、「1．好きなもの」は1枚だけではなく、たくさん入れてあげてください。ぬりえ、らくがき帳になる白い紙、シール台紙、パンフレットなど何でもかまいません。

未就学児用のシートセッティング例

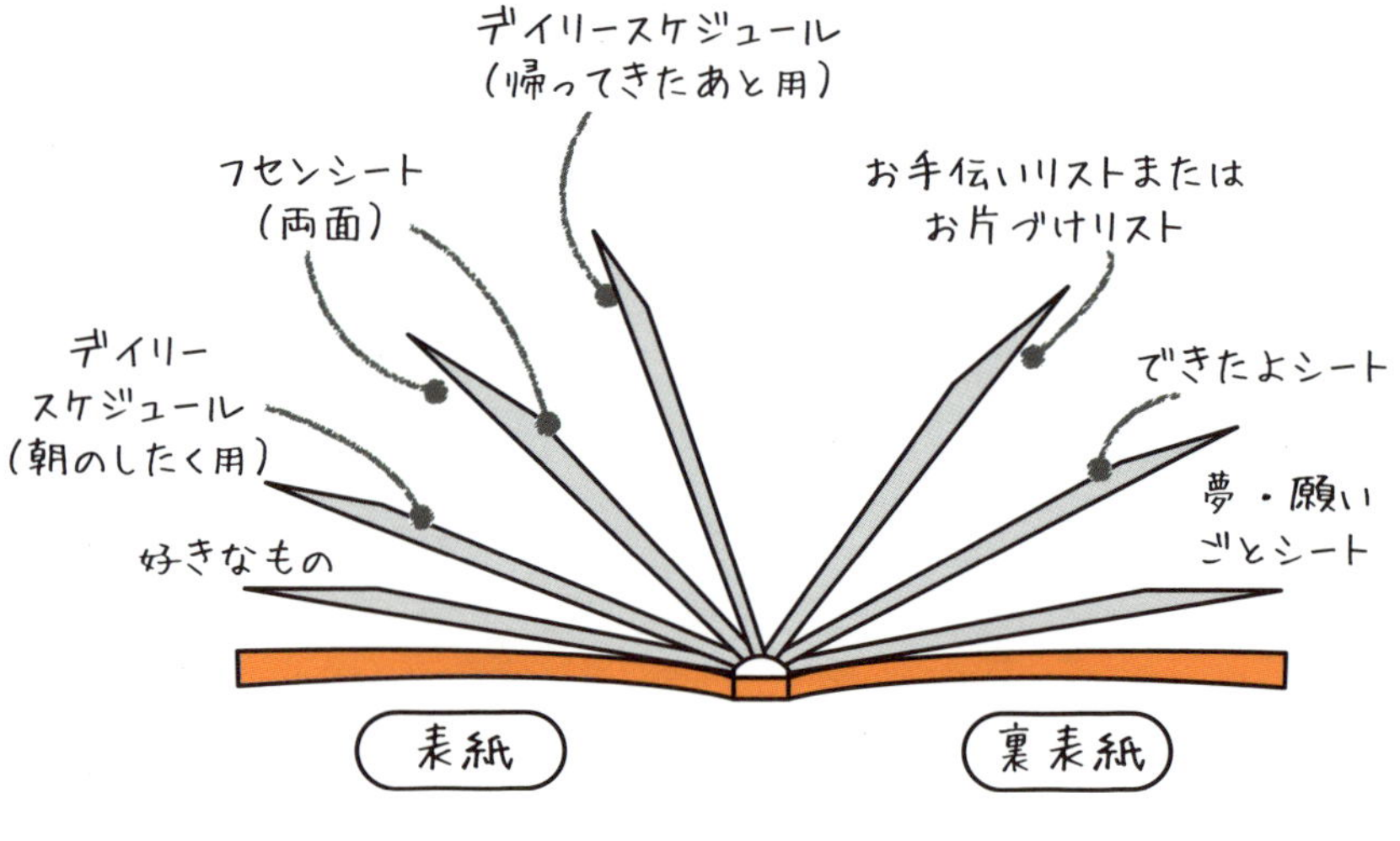

▼小学校低学年用のシートセッティング例

小学生になったら、「月間スケジュール」を入れるなど次のようにシートを足してみてください。

1. 月間スケジュール（1～2か月分）
2. デイリースケジュール（朝のしたく用）
3. フセンシート（両面）
4. デイリースケジュール（帰ってきたあと用）
5. お手伝いリスト
6. お片づけリスト
7. できたよシート
8. 夢・願いごとシート
9. 好きなもの

手帳ミーティングで、予定を確認する際に月間スケジュールが一番はじめに入っていると使いやすいです。デイリースケジュールは、必要な枚数を入れてください。

小学校低学年用のシートセッティング例

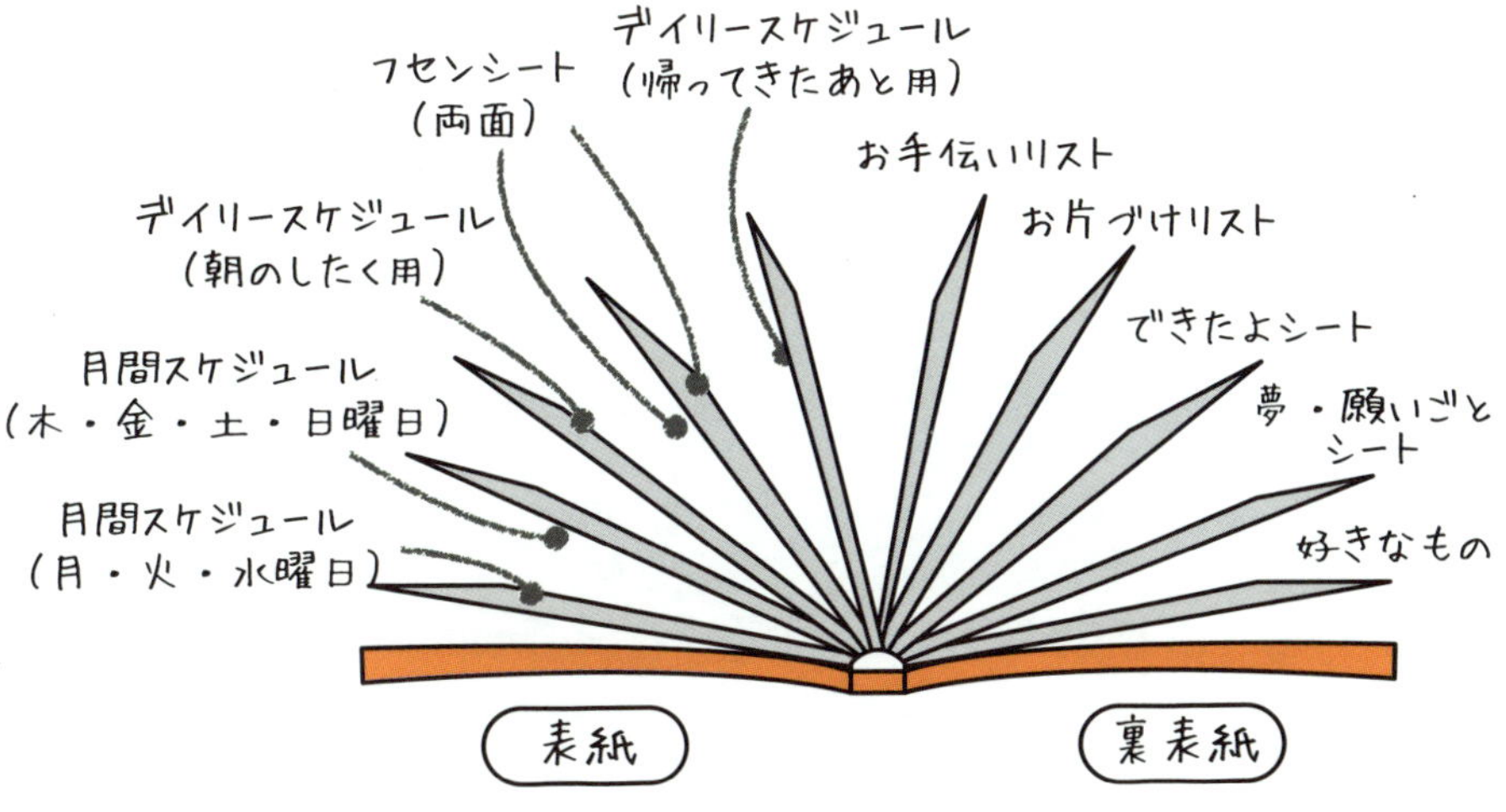
月間スケジュール
（月・火・水曜日）
月間スケジュール
（木・金・土・日曜日）
デイリースケジュール
（朝のしたく用）
フセンシート
（両面）
デイリースケジュール
（帰ってきたあと用）
お手伝いリスト
お片づけリスト
できたよシート
夢・願いごと
シート
好きなもの
表紙
裏表紙

▼小学校高学年用のシートセッティング例

小学校高学年になると、スケジュールのイメージができはじめます。

1. 月間スケジュール（数か月分）
2. デイリースケジュール（曜日ごとに7枚）
3. フセンシート（1枚を出し入れして使う）
4. お手伝いリスト
5. お片づけリスト
6. できたよシート
7. 夢・願いごとシート
8. 好きなもの

小学校高学年になると少し先のことも意識できるようになります。「お友だちの誕生日を手帳に書きたい」などの興味も出てくるので、月間スケジュールを数か月分にしてみましょう。

小学校高学年用のシートセッティング例

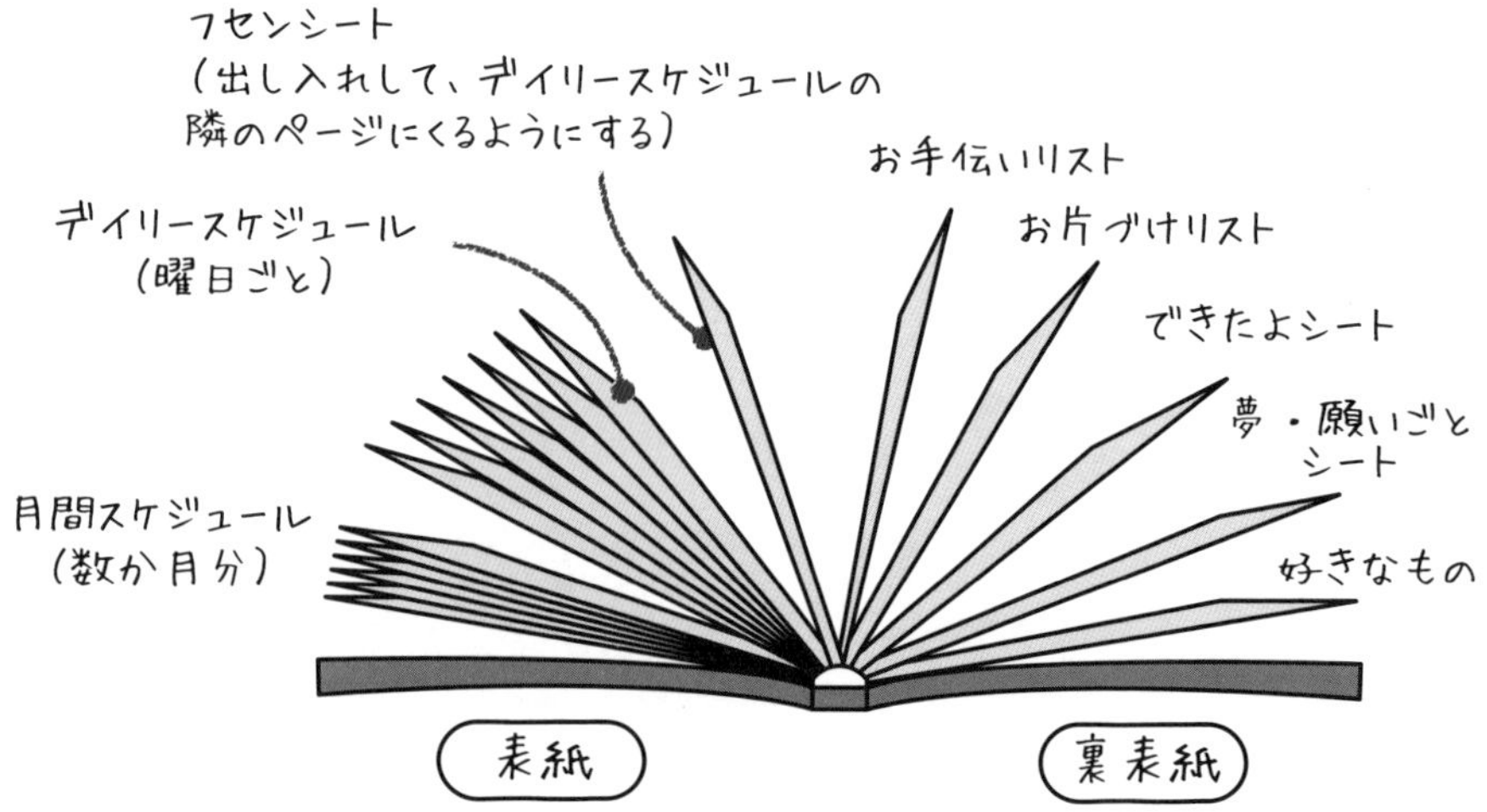
フセンシート
（出し入れして、デイリースケジュールの隣のページにくるようにする）
デイリースケジュール
（曜日ごと）
月間スケジュール
（数か月分）
お手伝いリスト
お片づけリスト
できたよシート
夢・願いごとシート
好きなもの
表紙
裏表紙

5 こども手帳の主役は「子ども」！

楽しく続けるためのポイント

こども手帳術をはじめる3つのステップとセッティング例をご紹介しました。子どもの様子を見ながら少しずつステップアップしてください。

繰り返しになりますが、ステップ1は絶対に飛ばしてはいけません。あれができるようになってほしい、こんなことを解消したいという気持ちは多くあると思います。しかし、これから先、自己管理できる大人に向かっていく最初の一歩、手帳との出会いは、楽しいものでないと続きません。「うわ〜！　手帳って楽しいな」というワクワクした気持ちを持てるようにしてください。その気持ちがしっかりできれば、「もっと使いたいな！」と手帳へのモチベーションが上がっていきます。

その後の活用方法のについては、CHAPTER 4やCHAPTER 5でも詳しく説明します。

一度手帳を作ってはじめてみたけど、続かないなという方は、ぜひ一度ステップ1に戻って、まっさらなバインダーに子どもの好きなものをはさむところからやり直してみてください。**うまくいかなかったら、何度でもステップ1に戻ってください。**いつでも好きなものをはさんだり、外したりできるのが、システム手帳バインダーのいいところです。「今」子どもが興味のあるものがあふれている手帳が、その子にとって一番楽しい、便利な手帳です。

子どもの興味は次々と移っていきます。それに合わせて、手帳の中身もどんどん変化させて楽しんでください。

白い紙やマス目の紙をはさめば自由帳になったり、漢字練習帳になったりして便利！

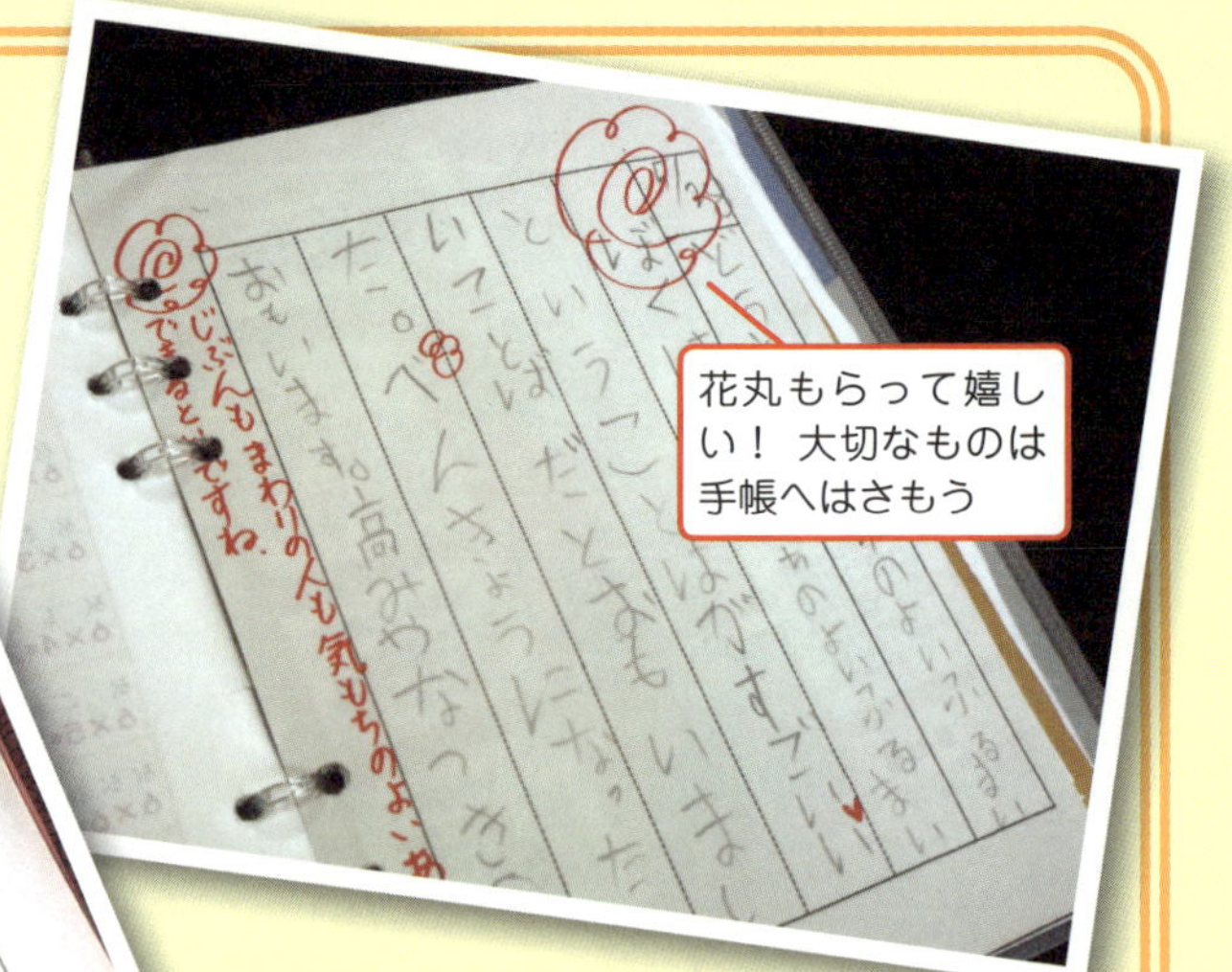

花丸もらって嬉しい！ 大切なものは手帳へはさもう

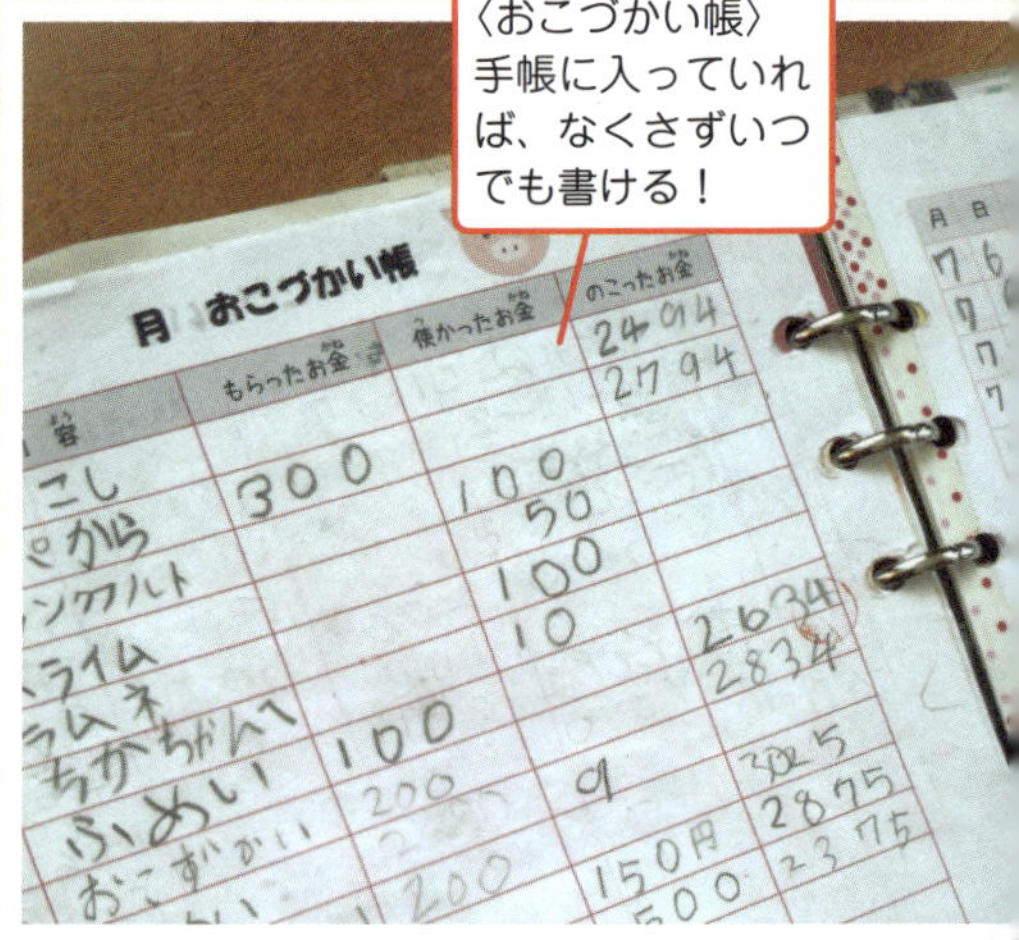

〈おこづかい帳〉
手帳に入っていれば、なくさずいつでも書ける！

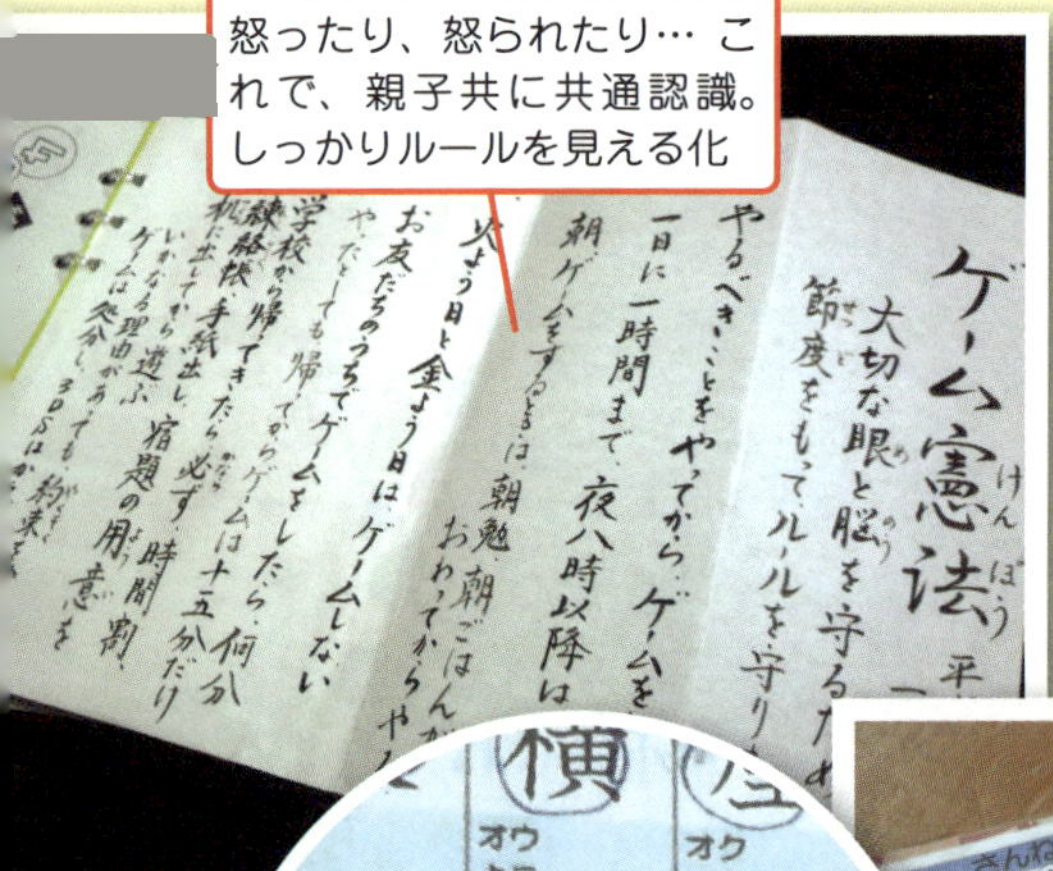

〈ゲームをするルール〉
今までは、その日の気分で怒ったり、怒られたり… これで、親子共に共通認識。しっかりルールを見える化

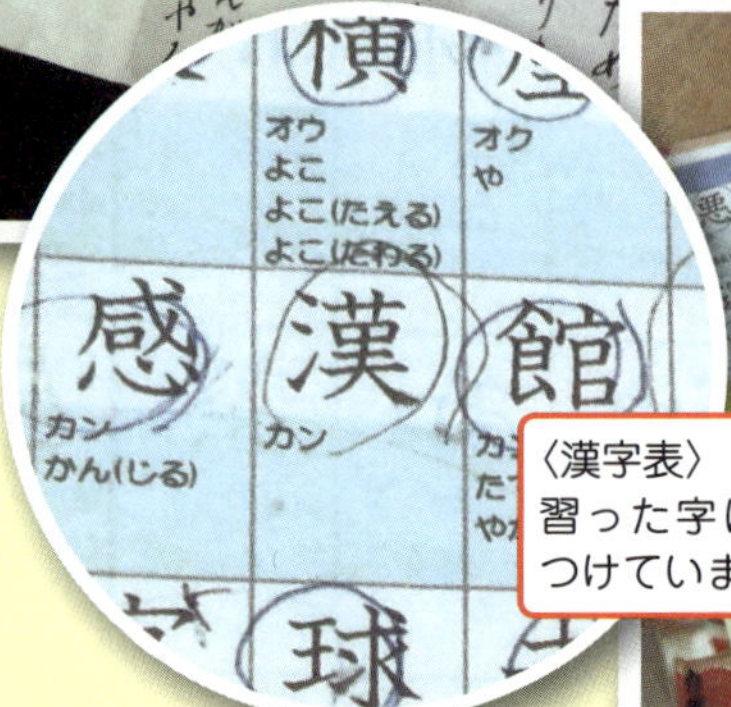

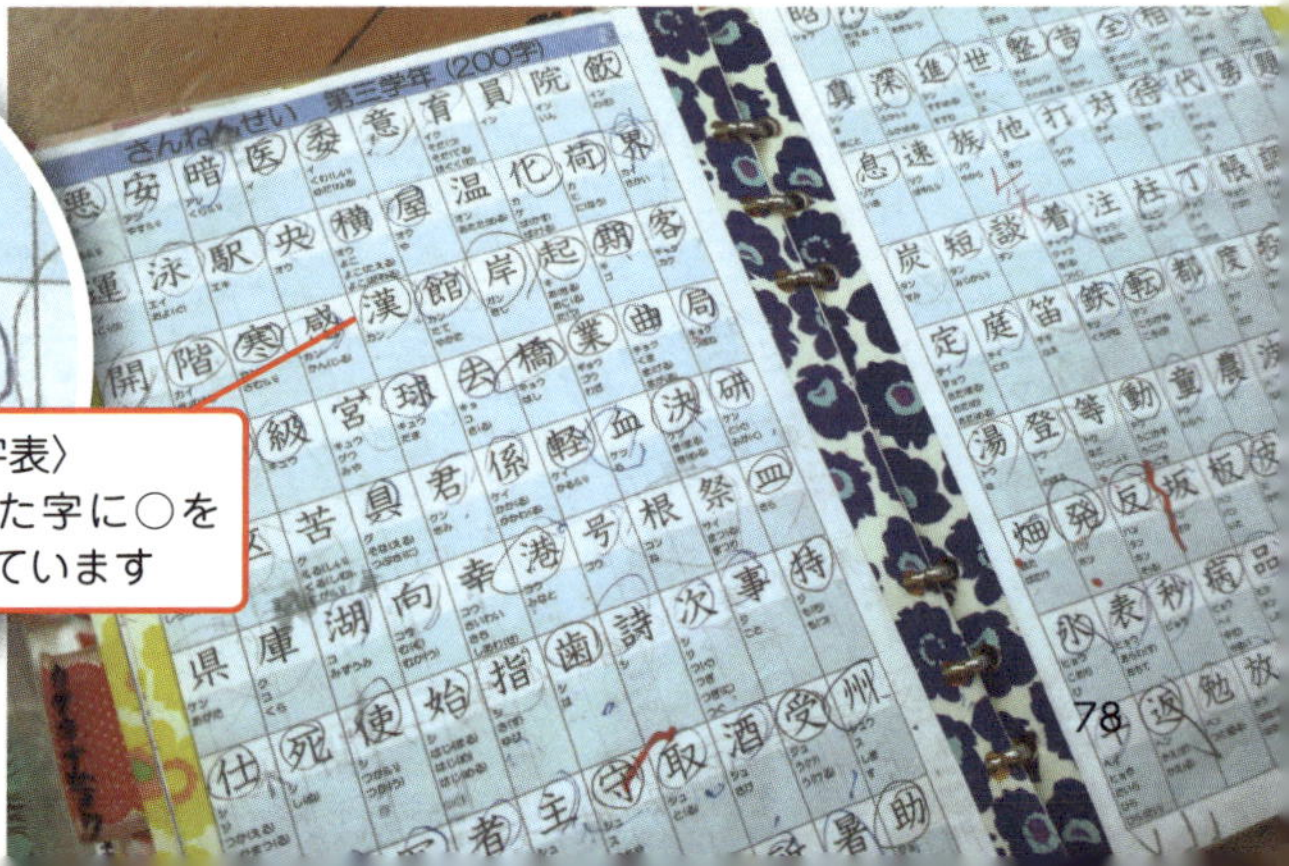

〈漢字表〉
習った字に○をつけています

こども手帳活用例

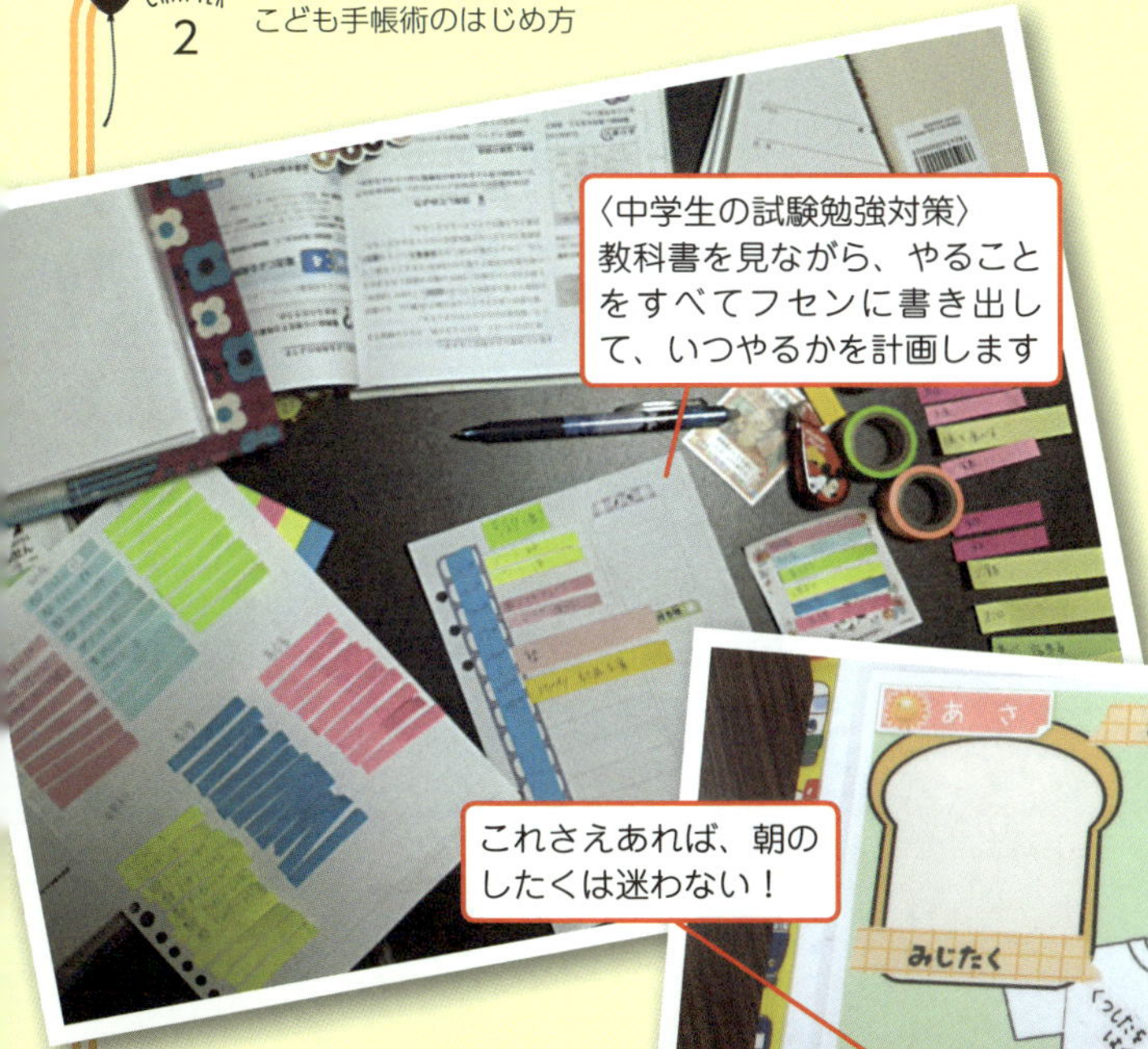

〈中学生の試験勉強対策〉
教科書を見ながら、やることをすべてフセンに書き出して、いつやるかを計画します

これさえあれば、朝のしたくは迷わない！

今日の保育園の送りはママ？ お迎えはパパ？ 毎日チェックします

フセンを毎日移動させるから、「きょう」のことがばっちりわかるよ！

困っているのは大人

今までできなかったことが「手帳を使って自分でできたよ！」と体感するのが、こども手帳の目標の1つです。小さな成功体験の積み重ねから自立して自己管理できる子を目指しています。ですから、こども手帳が親からの指示書や押しつけアイテムにならないように気をつけてください。

親から見て、「困った子どもの行動を手帳を使って何とかしたい！」という気持ちはわかります。手帳を使って朝のしたくをスピードアップしたい、ゲームをやる前に宿題をやってほしい、お手伝いを積極的にしてほしいなど、思いはたくさんあるでしょう。

でも、それを大人の思いで一方的に手帳に盛り込んで、「これを頑張りなさい！」と子どもへ投げかけるのは、これまでのガミガミ生活と同じです。文字にして具体的に命令をしているのだから、言葉で伝えるよりさらに強い指示になってしまいます。

手帳が親からの指示書にならないために、まずは親子で話をすることが大切です。

多くの場合、困っている、何とかしたいと思っているのは、子どもではなく親なのです。

たとえば、「ゲームばっかりやっていて困っている」という悩み。これを何とかしたいと思っているのは親です。ゲームばっかりやっていると、宿題があと回しになって寝るのが遅くなるから、ゲームは宿題が終わってからにしたほうがいい、長い時間ゲームをしていると目が悪くなるから1時間ぐらいで終わりにしたほうがいいなど、「ゲームばっかりやっていて困る」と親が思う理由はいろいろあると思います。それを、子どもに伝えてください。

ゲームをやっているときに「いい加減にしなさい！」と怒っても、何でゲームがいけないのか、

怒っても子どもには伝わりにくい

子どもには理解できず、同じことを毎日繰り返してしまいます。でも、改めて時間を作って、なぜ、ゲームばかりやっているとダメなのかについて話をすることで、子どもにも理由が伝わりやすくなります。

親の思いを伝え、子ども自身が理解できたら、そこで、「宿題をやって早く寝るためには、ゲームはどれぐらいでやめたらいいか」「宿題、テレビ、ゲーム、やりたいことがいっぱいあるけれど、どんな順番でやったらいいか」など、具体的にどうしたらいいかを相談し、一緒に考えるのです。

このときの**話し合いのポイントは、親は子どもに質問をし、子ども自身が考えられるように聞き役となること**です。一方的に親の思いを伝えるだけでなく、子ども自身どう思っているのかを引き出せるように話をしてください。

たとえば、「宿題をやるのが遅くなるから、宿題をやってからゲームをしたほうがいいよ」と伝えるより、「昨日、夜遅くになってから宿題をやっていて大変そうだったけど、何で遅くなったのかな?」と質問してみてください。親が望むような答えは返ってこないかもしれませんが、本人が今の生活を振り返り、これからどうしようかな、を自分で考えることができます。

家以外での親子の時間

家でこの親子の話をしようと思っても、子どもの集中力が続かない、親の思いが子どもに伝わらない、結局親子ゲンカで終わってしまう……ということもあるでしょう。

そんなときは、**ぜひ家の外で話をしてみてください**。お家の近くのカフェや、ファミリーレストラン、会話ができるスペースのある図書館や地域センターなどへ出かけてみましょう。

いつもと違う環境でちょっと気分を変えて話すと、家ではできないような会話が生まれるかもしれません。少なくとも他人の目があるので親の自制心が働き、親子ゲンカになる確率は家よりもぐっと少なくなります。

そして、会話をしながら、子どもが話した、「今困っていること」「やること」「やりたいこと」などをメモしたり、フセンに書いたりして、手帳の中身を作っていくのです。

少し手間のかかることなので、面倒に感じるかもしれません。でも、**面倒だからこそ意味があるのです!** 日々の生活に追われていると、親子で日常生活について話し合うことは、なかなかありません。このちょっと面倒な作業を通じて、親子で会話をし、日常生活を見つめ直す時間を取ることが、その後の生活改善につながります。

少しずつの作業で大丈夫です。あせらずじっくり、親子で手帳作りを楽しんでください。

CHAPTER 3

こども手帳の日々の使い方

1 こども手帳の活用サイクル

まずは基本を知ろう

手帳ができあがってきたら、いよいよ本格的に日常生活の中で手帳を使っていきましょう。

盛り込んだ機能によって、できあがったオリジナルの手帳をどのように活用していくのかも、その子次第です。

ここでは、こども手帳の基本的な使い方として、日々の生活の中で手帳を使う方法（活用サイクル）を紹介します。73ページで紹介したステップまできたら、このサイクルを意識してみましょう。

このサイクルを毎日繰り返すことで、親子の会話の悪い循環を断ち切り、子どもの自立心が高まり、自己管理できる大人への一歩につながっていきます。

手帳と過ごす日々のサイクル

手帳のある生活は、**①確認（夜）**、**②計画**、**③確認（朝）**、**④実行**、**⑤振り返り**の5つを毎日繰り返すことになります。

具体的に流れを見てみましょう。

①確認（夜）

楽しい1日のはじまりは、前日の夜の準備からです。

前日の夜に、手帳を開き、月間スケジュールを見て明日の予定を確認する習慣をつけます。

この確認をすることで、忘れていた予定を思い出すことができます。

手帳活用のサイクル

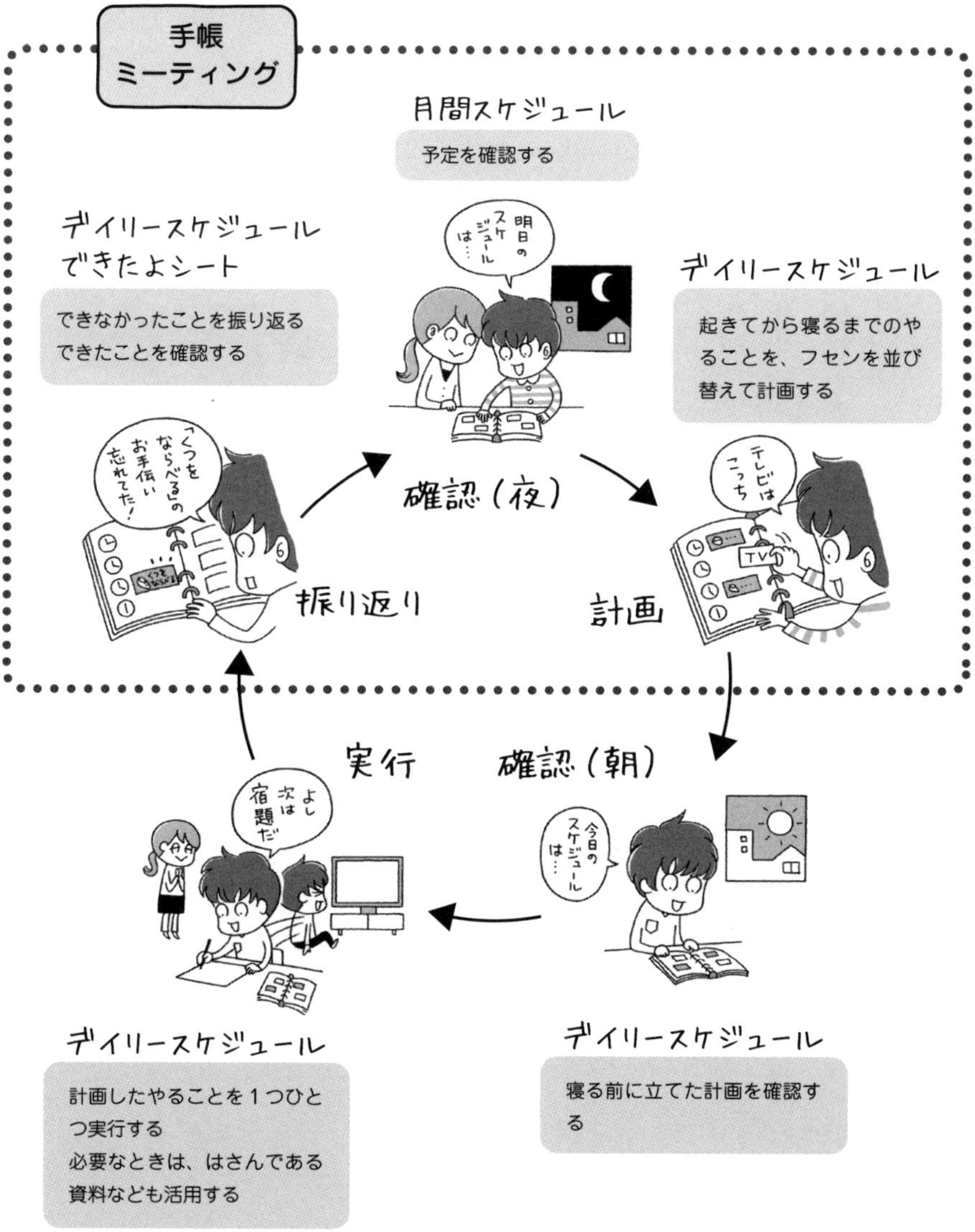
手帳ミーティング
月間スケジュール
予定を確認する
明日のスケジュールは…
デイリースケジュール
起きてから寝るまでのやることを、フセンを並び替えて計画する
デイリースケジュールできたよシート
できなかったことを振り返る
できたことを確認する
「くつをならべる」のお手伝い忘れてた！
確認（夜）
テレビはこっち
TV
振り返り
計画
実行
確認（朝）
よし次は宿題だ
今日のスケジュールは…
デイリースケジュール
計画したやることを１つひとつ実行する
必要なときは、はさんである資料なども活用する
デイリースケジュール
寝る前に立てた計画を確認する

②計画

予定を確認したら、その予定を含めて、明日は1日どんなことをする日なのか、起きてから寝るまでの行動をイメージしながら、計画を立てます。

このとき、デイリースケジュールを使います。

やることが1つずつ書かれた「やることフセン」を並び替えて、何をどんな順番でやるか、何時までにやるかなどを考えながらデイリースケジュールに貼って計画します。1日のやることを計画しているので、「明日は習い事があるから宿題は早めにやる」「短縮授業で早く帰ってくるから、友だちと約束してこよう！」などと考えることができます。

未就学児で予定と言えるようなものがなくても、「明日は幼稚園が終わったら公園に行くんだよ」「工作をするって先生が言っていたね」などと明日の計画をしてください。

明日の1日の流れをイメージしてから寝るという行為が、時間感覚を身につける際にはとても大切です。

そして、このタイミングで持ちものの確認、準備をすれば、忘れものも減ります。

③確認（朝）

朝起きたら、昨日の夜のうちに立てた計画、デイリースケジュールを再確認します。朝は忙しくて難しいかもしれませんが、できれば「朝起きて一度手帳を見る」という習慣をつけてください。

④実行

あとは、計画した通り、デイリースケジュールに貼ってある「やることフセン」に書かれたことを順番にやるだけです。しっかり計画が立てられていれば、スムーズに1日を過ごせるはずです。

やり終わった「やることフセン」はデイリース

ケジュールからはがして、隣の「フセンシート」に移動させると、まだやってないことや、これからやること、終わったことがわかりやすくなります。

⑤振り返り

計画を立てて1日を過ごしても、うまくいかないことも多くあります。

1日の終わりに、「今日はどんな1日だったかな？」を振り返り、うまくいかなかったことは、「明日はうまくできるようにするためにどうしよう？」と考える時間を取りましょう。うまくいかなかった原因を考え、対策を立てるのです。

これで、1日が終わりました。

そして、また次の日の準備。①確認、②計画……というように、毎日同じことを繰り返していきます。

計画を立てるといっても、この計画通りに生活しなくてはならない、というわけではありません。大切なのは、子ども自身が自分で予定を確認して、1日の過ごし方を考えることです。そして、**実際に生活していく中で、「うまくいかなかった」とか、「うまくいった！」といった経験をすることが重要です。**

習い事の前に学校の宿題をやっておけば、夜は少しゲームをやる時間が取れるんだな、学校の持ちものの準備は朝になってからやると家を出る時間が遅くなって大変だ、など、毎日の生活を計画して振り返ることで時間の使い方を学べます。

失敗は、成功への大きな一歩です。何気ない毎日の生活を、手帳と共に過ごすことで、多くの経験をしてほしいです。

2 毎日やりたい手帳ミーティング

「手帳ミーティング」がポイント

前項の「日々のサイクル」で紹介した中で、とても重要なのが、⑤「今日の振り返り」から、①「明日の予定確認」、②「明日の1日の過ごし方の計画」です。

夜にこれをやる時間を、手帳を見ながら振り返る、計画する、会話をするということで、「**手帳ミーティング**」と呼んでいます。

手帳ミーティングを親子で毎日行なうことが、親子の悪い流れを断ち切り、子どもたちの自立、自己管理できる大人への道につながります。

「こども手帳術」成功のカギは「手帳ミーティング」です。

計画を意識して生活する

手帳と共に生活することで、自分がやることを計画し、実行して成功や失敗を経験していきます。この経験を繰り返すことで計画・実行する力を養っていくのです。この経験は、何となく生活していると感じることができません。

たとえば、テレビを見てから宿題をやろうと思っていたけれど、結局できなかった、ということは小学生にはよくあることです。

こども手帳のない生活では、次の日も「今日はテレビ見たらちゃんとやるよ！」と言って、また結局やりません。その次の日も、「今日はやる！」

と言って、またやらない、を繰り返してしまうのです。

大人は、「やるって言って、昨日も一昨日も結局やらなかったでしょ！　早くやりなさい！」と叱り、「今やろうと思ってたのに！」と子どもはやる気を失うという悪循環になりがちです。

一方、こども手帳のある生活では、手帳ミーティングで、できなかった原因を振り返ります。

「どうしてテレビを見てから宿題をできなかったんだろう」「明日はどうすれば宿題ができるかな」を手帳ミーティングの際に考えます。

「時間が遅くなったからやりたくなくなっちゃった」「量が多くてできなかった」などと振り返って、そのとき感じていることを話します。実際は大きな理由なんてないことも多いとは思いますが、子どもが自分で自分の行動を振り返ることで考えることができます。

さらに、次はどうしたらいいか改善する方法を考えることで、繰り返さないようにしようという意識が芽生えます。

子どもは、毎日の生活の中で繰り返し計画し、振り返ることで少しずつ経験を積み重ねながら、時間管理、自己管理を学んでいくのです。

時間管理は、なかなかきちんと教わる機会がありません。大人になると誰もがやらなくてはなりませんが、子どもの頃に教えてくれるところはほとんどないのが現状です。

教わる機会がないのであれば、家庭で教えるしかありません。

だからといって、「時間管理ってこうやってやるのよ」と論理的に言葉で説明しても、子どもはチンプンカンプンです。

だからこそ、幼い頃から手帳と共に生活し、毎日活用することで、日常生活の中で経験しながら自然と学んでいくことが、自己管理できる大人への近道だと考えています。

親子の会話がスムーズになる

手帳ミーティングは、子どもが自分の生活に意識を向けるためにも、とても重要な時間です。ぜひ、毎日5分でもいいので続けてください。

「月間スケジュールを見て、持ちものを確認して……」と、あまり難しく考えなくても大丈夫です。やることは、振り返り→確認→計画ですが、一言で表現するなら**「手帳を見ながら親子で会話する」**だけなのです。毎日の手帳ミーティングは、親子のコミュニケーションの時間となります。

何もない状態で、「今日、学校はどうだった？」「明日は何がある日だったかな？」と聞いても、子どもからは、「別にー」とか「ふつー」なんてそっけない返事が返ってくることもあります。

それが、手帳を通じて会話をすれば、「ゲームしてから宿題をやろうと思ったけど、疲れてやるのが大変だった」というスケジュールの話や、「明日の給食はカレーだ！」という楽しい予定の話題になったり、親からもフセンシートに貼られたフセンを見て、「こんなにお手伝いしてくれてありがとう」と感謝の気持ちを伝えたり、「今日もしっかり宿題できたね。頑張ったね！」と自然にほめることができたりします。

手帳ミーティングで振り返ったり、計画することで、親子の会話が増え、ガミガミ言う前に子どもが自分で気づきやすくなるため、会話自体がやわらかくもなります。

また、親子で一緒に予定を確認することで、子ども自身の予定だけではなく、家族の予定も確認できます。

たとえば、「明日はお母さん、パートがあるから帰ってくるのは3時頃だよ」など、その子自身の予定ではない予定も伝えられます。

そうすることで、「じゃあ、先におやつを食べて、お母さんが帰ってきてから音読の宿題を聞いてもらおう」とか「学校に行くときは鍵を持って行こう」など、子ども自身のやることを計画しやすくなります。

子どもの新たな一面と出会う

予定を確認するだけなら、文字が読める年頃の子ども一人でもできます。手帳を開いて、見るだけでいいからです。でも、この手帳ミーティングを通して、親子で会話をすることがとても大切です。

改めて子どものことを知るきっかけになったり、会話が生まれたりと、かけがえのない親子のコミュニケーションの時間となるからです。

わが家でも娘たちと一緒に毎日手帳ミーティングをやっています。

今日やってくれたお手伝いの話をしたり、明日の学校の給食の話をしたりと、そのときによって盛り上がる話題はさまざまです。

手帳を見ながら会話をしていると、「あ、そういえば明日、○○を持って行くんだった!」など、忘れていたことを思い出すこともあり、うっかり忘れは少しずつ減ってきました。

こども手帳を使いはじめる前は、予定があるのをすっかり忘れて、お友だちと遊ぶ約束をしてくることもありましたが、手帳ミーティングのおかげで、こちらもだいぶ減りました。

また、娘たちそれぞれの性格の違いも手帳ミーティングを通じて改めて知りました。

学校が午前授業で、帰宅後とくに予定のない日の前日の手帳ミーティングのとき。

長女は、「よし、帰ってきてからすぐ宿題を終わらせるぞ！」と計画を立てます。「やることをやってから、あとで思いっきり好きなことをやる！」が長女流です。宿題をやっていないのに、好きな本を読んでいても、気になって楽しめないんだそうです。

一方、次女は「じゃあ、とりあえず遊んで、おやつを食べてから、ご飯の前に宿題をやる」と計画を立てます。「やりたい遊びがあるのに宿題をやっても、遊びのことが気になって、宿題に集中できないから、先に思いっきり遊んでからやる！」が次女流です。

確かに、自分で考えて計画を立てるので、長女は宿題をさっさと終わらせて、本に読みふける、次女は遊びに満足すると、「よし、宿題でもやるか～」と机に向かっています。

計画を立ててやってみる。そして、うまくいったり、うまくいかなかったり。これを何度も繰り返すことで、子どもたち自身も自分がやりたいことと、やらなくちゃいけないことのバランス、順番など、自分に合った方法を見つけたのではないかと思います。

とはいえ、この手帳ミーティング、子ども自身の気が乗らないときは、30秒程度で終わってしまうときもあります。

「今日は機嫌が悪いな」「学校から帰ってきてから元気がないな」という状況も、毎日手帳ミーティングをやっているからこそ感じることです。

毎日、大人も子どもも忙しいと思いますが、だからこそ、1日5分、手帳を見ながら会話する時間を楽しんでください。

今まで「何度言っても忘れものがなくならない」「何を考えているのかわからない」など、子どものことで悩んでいた方も、この手帳ミーティングで、これまでとは違う角度から子どもの行動を見て、会話し、そして子どもが考えていることを知ることができます。

手帳ミーティングのタイミング

手帳ミーティングは、その日の振り返りと、明日の過ごし方の計画なので、子どもが家に帰ってきてから寝るまでがタイミングとしてはぴったりです。しかし、お仕事をしている、小さい下の子がいる、上の子たちの送迎がある……などいろいろ事情があり、ゆっくり時間を取るのは難しい方も多いでしょう。

そんな中で続けるコツは、今の生活で毎日やっていることとセットにすることです。

たとえば、毎日子どもと一緒に晩ご飯を食べるなら、ご飯を食べる前や食べたあと、一緒にお風呂に入っているなら、入る前や、上がったあと。

一緒に布団へ行くなら、その前に……など、毎日当たり前にやっていることに5分間だけ「手帳ミーティング」の時間を足してみてください。

向かい合って話をする時間がなければ、ママは洗いものをしながら子どもに声かけだけして、家事をしつつ会話を楽しむ、という方法でもいいですね。

洗濯ものをたたみながら、アイロンをかけながら、お米をとぎながら……できそうなタイミングを見つけてみてください。

そして、どうしても毎日が難しければ、まずは、1週間に一度でもいいです。手帳を見ながら、親子で会話をしてみてください。

トイレに行ったら手を洗う、ご飯を食べたら歯を磨く、と同じように、「寝る前には明日の予定を確認する」を小学生のうちに習慣化できれば、自己管理できる子への大きな一歩になります。

3 合言葉は「手帳を見てね」

口を出したくてもぐっと我慢

日々の生活の中で、手帳が親子の怒り、怒られの悪い循環を断ち切り、さらには自己管理できる大人へ導くイメージが思い描けてきたでしょうか？

ここでもう1つ大事なことをお伝えします。

こども手帳術の合言葉は、「手帳を見てね」です。

今まで親がガミガミ、何度も指示・指導していたことを、これからは手帳の中に書くことで子ども自身が見てわかるようにしていくのです。指示や指導は、手帳がやってくれます。

ですから、手帳ができたら、親は「手帳を見ることを促す」だけです。

手帳を作って、手帳に書いてあるからといってすぐに全部ができるようになるわけではありません。

しかし、「あれやりなさい」「これはやったの？」と声をかけてしまっては、手帳のない生活と同じになってしまいます。

そうならないために、手帳に書いて、見ればわかる状態にしたのですから、とにかく、子ども自身が手帳を見るようにすればいいのです。

やることをやっていない子どもを見たら、「やりなさい」と言うのではなく、「手帳を見ることを促す」、ただそれだけです。

そのための合言葉が、「手帳を見てね」です。

学校からのお手紙を出さない子がいました。親は、「お手紙出しなさい！　出してから遊びに行って!!」と何度も言って、何とか出させていたのが手帳のない生活。

それを、「お手紙を出す」「おやつを食べる」など、帰宅後にやることを1つずつ書いたデイリースケジュールを手帳に入れて、「手帳を見てね」と声をかけるのが手帳のある生活です。

子どもの「自分でできた！」を演出する

子どもが自分で手帳を開いて、お手紙を出すことができたら、「自分で出せた！」と自発的にやったふうが演出できます。

実際には手帳を開くことを促されてはいますが、自分で手帳を見て、自分でやれたので「自分でできた」感は大きいと思います。

しかも、子どもは、「やりなさい」と何度も言うと、「今やろうと思っていたのに！」「わかってる！」と反発したくなることもあります。

「言われたらやる気なくした」なんてことにならないように、親は手帳を開くことを促し、あとは本人がやる気になるのを少し気長に待ってみましょう。

4 繰り返すことが大切

悩みに合った手帳活用法を見つける

次のCHAPTER 4から、よくあるお悩みの対処法として手帳の活用例を紹介します。

子どもに対する悩みは尽きません。そして、その悩みに対する解決法は1つではありません。

多くの事例をもとに手帳の活用方法を紹介しますが、対処法の一例として参考にしていただき、「うちの子にもこんなふうにやってみようかな」と考えるきっかけにしてください。

こども手帳術は、子どもたちが楽しく使い、続けていくことができるように、内容はとてもシンプルなものにし、毎日同じことを繰り返し行なうことで、自己管理を覚えていくというものになっています。そのため、具体例でも活用ページや、活用方法が似ているものがあります。同じシートでも悩みや、改善したいことなどにより活用方法が変わることを知っていただければと思います。

ご紹介する活用例は、こども手帳術のメインである「デイリースケジュール」の活用が中心になります。具体的な作り方は、CHAPTER 2（56ページ）を参考にしてください。

こども手帳を活用する上で、細かいルールはとくにありません。

あまり難しく考えずに、「親子で会話をし、手帳を作って、毎日同じことを繰り返す」を楽しんでください。

CHAPTER

4

お悩み別　手帳活用術

1 朝のしたくが遅くて毎日大慌て！

Before 小1男子　Aくんの例

朝は機嫌よく起きますが、ぼーっとテレビを見たり、着替えの途中でおもちゃを出してきて遊びに夢中になったりと、したくが全然進みません。

「遊んでいると遅れちゃうよ」「早く着替えよう」と声をかけても、聞こえているのかいないのか、全然やろうとせず、毎日慌てて学校に行っています。


忙しい朝なのに、ゆっくり、のんびりマイペースに過ごす子ども。

結局、時間ぎりぎりになって、「あ、ハンカチ忘れた！」「靴下がなーい！」とバタバタと慌てて準備をして、家を飛び出して行く。

毎日繰り返されるこんな状況に、朝から何度も「早く！　早く!!」と言いたくなります。

でも、大人だって人それぞれペースは違うものです。ただ「早く！　急げ!!」と急かされても、性格的なこともあるので、そこは変わりません。

「毎日のことなのに、どうしてできないの？」と大人は思います。しかし、朝のしたくが生活習慣としてまだ身についていない子どもにとっては、「早く！」と言われても、「何を早くすればいいのか」がわかっていないのです。

手帳を使えば子ども自身のペースを大切にしつつ、限られた時間の中で、しっかりとしたくができ、慌てずに家を出られるようになります。

困った・できない

・やることがわからないから、できない
・やらなければいけないこと以外のことに気を取られて、したくが進まない

⬅

ここを活用！

・朝のしたく専用デイリースケジュール（持ちもの欄つき）

⬅

こう変わる！

・やることを1つずつ確認して、順番にやる
・ほかのことに気を取られても、手帳を見ることで思い出せるようにし、したくを進められるようにする

⬅

限られた時間の中でやることをしっかりできるようになる！

朝専用デイリースケジュールを作る

朝起きてから、家を出るまでに今やっていることをフセンに書きます。

とくに未就学児の場合は、「起きる」「トイレに行く」「パジャマを脱ぐ」「服を着る」など細かくフセンに書き出します。

子どもがやることを自分で考えられるように、質問してあげてください。「朝起きたら、まず何をやっている？」「ご飯を食べたあとは、何をしているかな？」と確認しながら、子どもが答えたものをフセンに書き出します。

面倒でも、親が勝手に書いてはいけません。子どもに考えてもらいながらフセンに書き出さなければ、押しつけアイテムになってしまいます。

同じように、朝用意する持ちものが準備できない、わからないという子には、持ちものも1つひ

とつフセンに書き出してください。

時間感覚をもっと意識してほしい小学校低学年くらいの子には、時間を記入できるBタイプのデイリースケジュール（66ページ参照）を用意し、何時何分に何をやるのかがわかるようにします。

だからと言って、7時に起きて、7時10分に着替えて、7時15分にご飯を食べて……と計画して、きっちり時間通りに行動するのは大人でも難しいものです。

そのため、7時30分までに着替えをして、ご飯を食べる。7時45分までに、歯磨きを済ませて、顔を洗い、髪の毛を結ぶ、というように、いくつかチェックポイントとなる時間を設定するのがおすすめです。

フセンに書き出し、確認しながら順番通りに貼る、ということの作業をするだけでも、翌日からの朝のしたくが少し変わります。

今まで何となくやっていた、親に言われたことを言われるままやっていた、朝のしたく。これを、はじめて子ども自身が考えた上で行動するので、意識が大きく変わるのです。

フセンを見て順番にやるだけ！

準備の段階で意識を変えたら、次は確実にやれるようにするために、完成したデイリースケジュールを活用していきます。

朝のしたくはデイリースケジュールを見ながら、書いてあることを順番に行なっていきます。

どこまで準備が終わったのか一目で確認できるように、やり終わったことが書かれたフセンは、隣のページに用意した「フセンシート」に移動させます。

口で言わずに手帳で見せる

やることが全部見える化してあっても、手帳を見なければやることはわからないままです。

「せっかく作ったのに、全然変わらない！」「どうしてできないの！」とまたガミガミ言いたくなるときは、こども手帳術の合言葉を思い出してください。

「手帳を見てね」と、優しく手帳を開くことを促してあげましょう。

今までは、ただ「早く！」と急かしたり、「着替えなさい」とやることを指示していましたが、これからは、手帳を開くことだけを促すのです。

やることは全部書いてありますから、本人が気づいて、やるのを待つだけです。

時間が迫っていて、急かしたくなるときは、「今7時30分だよ」と時間を教えてあげてください。

あとは、「手帳を見てね」と声をかけるだけです。あれをしなさい、これはやったか、と言う必要はありません。

もしかすると、すぐには変わらないかもしれません。でも、毎日、手帳を見ることを促し、本人が手帳を開いて、やることをやる、を繰り返すことで確実にできるようになっていきます。

何をやればいいのかわからなくて、ぼーっとしていた子は、やることさえわかればしっかり動けるようになります。

それでも、子どもですから気が乗らない日もあり、手帳を開かない、やることが進まないこともあると思います。

そんなときは、一緒に手帳を開いて、「ここまで終わったんだね。次は、これだね」とやることフセンを見ながら、一緒に確認してあげてください。親の見守りは、「早く！　早く!!」と急かすことよりも思った以上に効果があります。「今日は着替え一人でできたね」「昨日より歯磨きが早く終わったね」など、できたことを見てるよと伝えると、やる気もアップします。

時計が読めない年齢の子どもには、もう少し親のサポートが必要です。まだ自分でできることも少なく、何をやるにも時間がかかると思います。朝のしたくにどれくらい時間がかかるのか、子どもの様子を見て、朝起きる時間などを考え、必要な時間を確保してください。

手帳に書いたからといって、ご飯を食べるのに20分かかっている子が、10分で食べ終わるようにはなりません。20分朝ご飯の時間を確保できるように、10分早く起きるようにする、持ちものの準備など朝やらなくてもいいことを前日やるようにして、朝の時間を10分増やすというように調整してください。

また、時計がまだ読めない子は、時間の感覚も十分に育っていませんので、「今、8時だよ」と時間を教えても、あまり効果はありません。

時間は親のほうで調整しながら、急ぐ必要があれば、「スピードアップでお着替えしよう！」「ママと競争だよー」など声かけを工夫してください。親子一緒に手帳に貼ってある、やることフセンを見ながら順番にやる、これを毎日繰り返してください。自然と朝のしたくが一人でできるようになっていきます。

After　Aくんは手帳をこう使った！

デイリースケジュールBを使って、やることと、やる時間を決めるやることの間に遊んだり、テレビを見たりして脱線するので、1つひとつにやる時間を書きました。最初は時計が読めなかったので、時計を見ながら、「長い針が、2だね」と声をかけました。

そして、子ども自身が、デイリースケジュールに書いた時計の絵から同じ時間を見つけてやることを確認してやる、を繰り返しました。遊んでいるのを見たら、「長い針が7になったよ！ 40分だよ」と時間を伝え、本人がデイリースケジュールを見てやるのを待つようにしています。

最初は全然うまくいかず、子どもは手帳を開こうともしませんでしたので、開いて机の上に置き、すぐに見えるようにしました。

繰り返していくうちに、だんだん終わったらフセンを動かすのが楽しくなってきたようで、順番にできるようになりました。毎日時計の針を指して時間を伝え、手帳を見てやるというのを繰り返したので、自然と時計も読めるようになっていきました。

30分までにご飯を食べ終わってないときは、「やばい！ 遅れる！」とか、「まだ25分だから今日はちょっと余裕があるな」などと言うようになってきたので、時間の感覚が身についてきているのかな？ と感じています。

POINT
やること、時間を「見える化」して、子ども自身が目で確認できるようにしよう

こんな例も…

小3女子　Bちゃんの例

Before

朝、いつも余裕がなく、出かける間際に慌てて時間割をそろえて出かけているので、よく忘れものをしています。

⬅ **手帳をこう使った！**

デイリースケジュールBを使って、やることを一目でわかる状態に

After

やることをすべてフセンに書き出してみたら、「朝やることが多くて時間が足りない」と本人が言いました。だからといって、今より早く起きることは嫌だし、やることを今まで以上に急いでやることはできない、と自分で気がついたのです。

そこで、「何か夜のうちにできることはないだろうか？」と考え、朝やっていた「時間割をそろえる」を夜やってから寝ることにしました。

朝やることが減ったので、朝の時間に余裕ができ、落ち着いて家を出られるようになりました。

もともとのんびりとした性格のため、「急いで！」「早く!!」と急かしても、あまり時間短縮の効果はなかったので、朝やることを減らしたのがよかったようです。

時間割は夜にゆっくりそろえることができるので、忘れものも減りました。

朝のしたくはフセンを見なくてもできているので、作ったデイリースケジュールはあまり見ていません。でも、デイリースケジュールを作って、朝の時間帯に自分ができることの量を子ども自身が知ることができたので、やってみてよかったと思います。

2 何事にも消極的で自信がない

Before 小2女子 Cちゃんの例

遠足などの学校行事は好きなようですが、行くまでは不安でいっぱいの様子。数日前から、「やっぱり遠足は行きたくないな」と言っています。

せっかくの学校行事なのだから、楽しんで出かけてくれたらいいのに……といつも心配しています。

不安なことはいっぱいあるとは思うけれど、子どもには、失敗を恐れず、いろんなことにチャレンジしてほしい、積極的に取り組んでほしいというのが多くの親の願いではないでしょうか。

他人から見れば些細なことを不安に感じたり、消極的になってしまうのは、ある程度、性格的な要素もあると思います。

できていないことに焦点を当て、不安に思うのではなく、できていることに目を向けるように促し、「ぼくはできる」「私はできる」という自信をつけさせてあげたいですね。

日々の生活の中で、小さな成功体験を子ども自身が体感し、少しずつ自分に自信が持てるように手帳を活用しましょう。

ポイントは、「こんなにたくさんのことができている」ということを子ども自身はもちろん、手帳ミーティングの場で親も確認することです。そうすれば、自然な流れで子どもをほめることができ、子どもの自信が育ちます。

困った・できない

- 漠然とした不安があり、動くのをためらう
- 自信がないことはやりたくない

⬅

ここを活用！

・デイリースケジュール数枚
・できたよシート

⬅

こう変わる！

- できていることが一目でわかるようになる
- 「できる！」が見える形になることで、挑戦することが怖くなくなる

⬅

小さな成功体験の積み重ねで自信がつく！

できることを見える化する

子どもに「こんなにできている」、を実感させるためにデイリースケジュールを活用します。

何気ない日常の1日を選び、起きる、着替える、顔を洗う……というように、やっていることを全部フセンに書き出します。朝起きてから寝るまで全部でもいいですし、学校から帰ってきてから寝るまでの区切った時間でもかまいません。

子どもが、自分がやっていることを確認できるように質問してください。「そろばんがある火曜日は、学校から帰ってきてからどんなことをやっているかな？」などと問いかけます。

子どもが、「おやつを食べてから宿題をやって、そろばんへ行くしたくをして、そろばんに行く」などと答えたことを「おやつを食べる」「宿題をやる」とフセンに書き出します。

「したくをする」など漠然としていて、もう少し具体的にしないとイメージできないかな、と思うことは「したくするときは、何をやっているかな？」と再度質問して、具体的に用意している荷

物、やっていることを細かくフセンに書きます。

書き出した「やることフセン」を行なう順番にデイリースケジュールへ貼ってください。

これで、今できていることがリスト化されたデイリースケジュールの完成です。

「自分はこれだけのことをやっているんだ」ということがデイリースケジュールを作っただけでもわかります。

できたよシートで成果を見える形に！

完成したデイリースケジュールを日々のサイクル（84ページ参照）で活用していきます。

消極的な子の場合には、とくに手帳ミーティングで振り返ることが重要です。

「今日もこんなことができたね」「こんなにお手伝いしてくれてありがとう！」と、できたことについて改めて話をしてください。

子どもに自信をつけさせたいので、できたことに目を向けます。大人は、できていないことのほうに目が行きがちですが、ここは「できたこと」に注目します。

宿題や習い事の準備など、やって当たり前だとつい思ってしまうようなことも、「できたよシート」を活用して、「できたこと」として認めることで、子どもの自信へつなげていきましょう。

「できたよシート」は、できたことの数だけスタンプやシールを押す、スタンプラリーのようなものです。これがあれば「できたね！」「頑張ったね！」を目で見える形に表現できるので、子ども自身が「できた！」と体感することができます。

基準を厳しくせず、子どもが「できた！」と言うことに対して、何でもスタンプを押して、子どもが自信を持てるようにしましょう。

「手を洗った」「宿題をやった」「習い事の準備をした」「お風呂洗いをやった」など、やったこと

1つに対して1つ、どんどんスタンプを押してあげてください。

そして、明日のこと、不安になりそうなことはしっかりと事前確認をします。宿題がいつもより多い、用意する荷物がたくさんある、見たいテレビが複数あるなど、大人からすると小さなことでも、目に見えないものを理解するのが苦手な子どもにとっては大きな不安になります。

頭の中だけで考えていると「あーダメだ。どうせ無理だし……」と、また不安な気持ちになってしまいます。

子どもは目の前のことが一番の生きものです。逆に言うと、見えないものはわからないし、理解できません。とくに消極的で自信のない子にとっては、見えないこと、わからないこと、いつもと違うことや、はじめてのことに対しては不安になりやすいのです。

漠然とした不安は「大丈夫だよ」「心配ないよ」という言葉をかけても解消しませんが、具体化された悩みは、対応策を考えることができます。

やることを見える化することで不安を解消し、少しずつ自信を持って過ごせるようになっていきます。

自信をつけてできることを増やす

最初は自信をつけてほしいので、できていることだけをリスト化し、「毎日こんなにたくさんのことができているんだ」という状態からはじめます。少しずつ自信が持てたら、「新しくやること」「新たに頑張ること」を1つずつ足していきます。

たとえば、ご飯を食べて、歯を磨いて、着替えをして……これが、当たり前にできるようになったら、「脱いだパジャマをたたむ」など、やることを1つ追加します。できていることの中に1つ頑張ってチャレンジすることがある状態です。

「脱いだパジャマをたたむ」ができるようになったら、今度は「植木に水をあげる」などの別のチャレンジをまた1つ足す……というように、少しずつ増やしていきます。

できることが1つずつ増えることで、こんなこともできるようになった、という子どもの自信につながります。

ただし、一度にあれもこれもできるように……と欲張って「これもできない、あれもできなかった」とまた自信を喪失してしまったら大変です。

小さなことでも「できた！」という成功体験の積み重ねを大切に、あせらず少しずつステップアップしていってくださいね。

After Cちゃんは手帳をこう使った！

遠足の日用のデイリースケジュールを用意。遠足のしおりをもらってきたら、細かい予定を確認しながらデイリースケジュールでシミュレーション

ほとんどの場合、遠足のしおりに詳しい日程や、持ちものが書いてあります。それを見ながら、子どもと話をしていると、不安なのは、「おやつはいつ買いに行こう?」「朝は何時に学校に行けばいいの?　いつもより早い?」「学校のどこに行けばいいの?」などだとわかりました。

いつもと違うことに不安があったのです。

まずは、一緒におやつを買いに行く日を決めて、月間スケジュールに書き込みました。

あとは、遠足の日の特別デイリースケジュールを用意し、やることや、持ちものをフセンを書い

て貼りました。

　持ちものは、「前日に用意するもの」と「当日の朝、カバンに入れるもの」に分けて貼り、やることは、1つずつ確認するように会話をしながら、貼りました。

「学校に集合するのは、8時15分だから、いつもと同じ時間に出れば大丈夫だね」「集合場所は、校庭って書いてあるよ」「駅まで歩いて、電車に乗るんだね」「お弁当は公園で食べるみたいだよ」というふうに1つひとつ確認しました。

　できたデイリースケジュールは手帳に入れて、遠足までの数日間、毎日自分で見られるようにしました。

　今までは何回も「おやつ買いに行ける？　ちゃんと当日までに行ける？？」と毎日言われるのを面倒に感じていましたが、行く日にちを決めたので言われなくなりました。

　いつもは、「遠足なんだから楽しめばいいのに」と思っているだけでしたが、不安の原因を明確にすることで、「遠足に行きたくない」という消極的な気持ちが解消できたようです。

POINT
できていることに焦点を当て、小さな成功体験を積み重ねて、少しずつ自信をつけさせよう

こんな例も…

小5男子　Dくんの例

Before

塾に通っているため学校と塾、両方の宿題をやらなくてはなりません。「習い事の前に宿題をやったら?」と伝えると素直にこなしています。でも、「自分で考えてやることをやって」と言うと、「何をどうしたらいいかわからないから、お母さんが計画立ててよ。全部その通りにやるから」と言われます。

手帳をこう使った!

デイリースケジュールCを使って、手帳ミーティングで計画をしっかり立てる!

After

学校や、塾など時間の決まっている「予定」をデイリースケジュールに書き、学校の宿題をやる、塾の宿題をやるなどの「やること」をフセンに書いてどの時間にやるか、計画を立てました。

子どもの立てる計画がゲームをやってから寝る前に宿題をやる、などいい加減なので、「それは無理でしょ」と、つい口を出していました。

これを繰り返していたので、子どもは「じゃあ、お母さんが計画を立てたらいいじゃん!」と計画を立てることを嫌がるようになっていたのです。

本人がやる気になっていたことも、やる前に親がダメ出しすることでやる気をなくし、何事にも消極的になっていたのかな、と反省しました。

それからは、どんな計画でも口出ししないようにしています。

計画がうまくいかない日も多いですが、計画通りじゃなくても、やれたことが目に見えるので、「頑張ってる!」を本人は実感しているようです。

3 優先順位が決められない

Before 小1男子 Eくんの例

学校から帰ってくると、学校からの手紙を出す、宿題をやる、明日の準備をするなど、やることがいっぱい。

お友だちとも遊びに行きたいけれど、「やることがいっぱいで遊びに行けない！」と大騒ぎして、パニック状態になってしまいます。

親としては、いっぱい遊んでほしいとも思うし、宿題もやってほしいとも思い、困っています。

「算数ドリル」「漢字練習」「音読」「塾の宿題」「おやつを食べる」「ランドセルの片づけ」「本を読む」「お手伝いのお風呂掃除」……子どもだって、やることがいっぱいあります。

「どうしよう、どうしよう！」とパニックになってしまったり、悩んでいるだけで、結局何もしないまま時間だけが過ぎてしまう子も多いのではないでしょうか。

やることがたくさんあったり、時間が限られていると、どれから手をつけたらいいのか、大人でも悩むところです。ましてや、子どもは「目の前のことが一番大切」という生きものですから、やらなくてはいけない宿題や、お手伝いのことを考えるよりも、目の前にあるテレビやゲーム、楽しい遊びのほうへあっと言う間に気持ちが移ってしまいます。

やらなくてはいけないこともたくさんある。
やりたいこともたくさんある。

どうしよう、何からやろうと、頭の中だけで考えていると、気持ちはそわそわ、頭はモヤモヤしてしまいます。

さらに、そんな子どもの姿を見ている親は、「あれをやりなさい」「これからやったほうがいいわよ」と、先回りして指示をしたり、「早くやりなさい！」と、ついガミガミ言ってしまいます。

これでは、子どもはますます何をどうしたらいいのかわからなくなってしまいます。

まだ経験値が少ない子どもたちは、頭の中で考えて優先順位をつけたり、大人が思うように効率よく動く、というのはとても難しいことです。

毎日の生活を何となく行き当たりばったりで過ごしていては、いつまでたっても経験値はたまらず、優先順位をつける力が身につきません。

ですが、手帳を使ってちょっと意識して過ごすだけで、自分で優先順位をつけられるようになっていきます。

困った・できない

- やることが多く、全部を把握できていない
- 優先順位のつけ方がわからない
- パニック状態になると動けなくなってしまう

⬅

ここを活用！

・デイリースケジュール

⬅

こう変わる！

- やること全部を目で見て把握できるから、慌てることなく1つずつこなしていけるようになる
- フセンを並び替えて優先順位をつけられる
- やることが増えてもフセンを足せば対応できる

⬅

自分で効率のよい順番を考えて、行動できるようになる

細かく具体的にして把握する

朝起きてから家を出るまでの時間、夕方帰ってきてから夕飯を食べるまでの時間など、やることはいろいろあるのに、何をやっていいのかわかっていない、どんな順番でやればいいのか迷っているな、と感じる時間帯に区切ったデイリースケジュールを作るとわかりやすいです。

まずは、やることを細かくフセンに書き出します。たとえば、「宿題」と一口に言っても、「音読」「計算プリント」「漢字練習」など別の内容のものは、「宿題」とひとくくりにせず、細かく具体的に書きます。

やらなくてはならないことだけでなく、子どものやりたいこと、たとえば「ゲームをする」「本を読む」「テレビを見る」などもフセンに書きます。

やることをすべてフセンに書いたら、デイリースケジュールに貼ります。

何をどんな順番でやったらいいのか考え、並び変えながら計画を立てます。

この時点で、どうしよう、どうしたらいいかわからない、と悩んでしまう場合も多いでしょう。ですが、あまり悩まなくても大丈夫です。

ここでの計画は、手帳を毎日使うための準備段階です。

どうしても順番に悩んだら、まずはいつもやっている順に並べてみましょう。

現状を確認してから、「もっといい順番はあるかな?」「どうしたらうまくいきそうかな?」と一緒に考えながらフセンを並べて、暫定的な計画を立ててください。理想的だけど、実現が難しそうな計画でもかまいません。

前日に手帳ミーティングで計画を立てても、いざ当日になったら「友だちと遊ぶことになった」「宿題がたくさん出た」などの理由で、予定が変

フセンを使えば目で見ながら計画できる

わることもよくあります。そのときは、フセンを動かして改めて計画を立て直せば問題ありません。計画を実現できるかどうかが重要なのではなく、前日に計画して、見通しを立てる経験を重ねることが重要なのです。

実践しながらタイミングを見つける

完成したデイリースケジュールをもとに、毎日の手帳ミーティングで予定を確認し、明日のやることを計画します。

たとえば、「明日は5時間授業で、帰ってくるのが2時30分頃だから、夜ご飯を食べるまでの間に、何をどんな順番でやろうかな？」とフセンを並び替えて、計画します。

大人からすると、毎日同じように感じますが、帰ってくる時間が違っていたり、お友だちと遊ぶ約束がある、習い事があるなど、実は少しずつ違っています。

明日の予定を確認して、具体的にやること、やる順番をイメージして、やることフセンを並び替えて計画を立てましょう。

日中はデイリースケジュールを見て、立てた計画通り、貼られたフセンを上から順番に1つずつやっていくだけです。

頭の中だけで考えていると、やることがいっぱいでどうしよう……となかなか動けなくなってしまいます。やることすべてを書き出し、並び替えることで優先順位のつけ方を日々練習します。

長期的な計画へステップアップ！

少しずつ、やることの優先順位をつけられるようになったら、1週間の計画も立てられるようになります。逆に言うと、短い期間のやることの優先順位がつけられなければ、長期的な計画を立てるのは難しいのです。

「うちの子、全然計画が立てられない」と嘆く親は多いですが、急にできるようにはなりません。日常の中で計画し、実行することを繰り返しながら少しずつ身につけられるようにしてください。

1日の計画を立てることに慣れたら、1週間の中でいつ何をやればいいか、今月中に何をいつやろうかと少しずつ長期的に計画してみましょう。

やり方は同じで、やることをフセンに書いて、予定を見ながら、やる日を決めてフセンを貼るだけです。

After Eくんは手帳をこう使った！

デイリースケジューを使って、やることをすべて見える状態に

手帳ミーティングで翌日の計画を立て、さらに帰宅後再計画し、やることを確認

夜の手帳ミーティングで計画を立てますが、習い事もしていないし、学校の宿題は音読、計算プリント、漢字練習の3つが必ず出るというパターンなので、毎日やることは、ほぼ同じでした。

大変なのは、学校でお友だちと約束をした日と、パターン以外の宿題があるとき。

それは、前日には決まっていないことが多いので、帰宅したときにデイリースケジュールを見て、夕方にやることを計画するようにしました。

「今日は宿題、何があるの?」「お友だちと約束はしてきた?」などと声をかけます。子どもは問いに答えながら、やることフセンを並び替えます。

落ち着かせようと、「遊んで帰ってきてから宿題をやればいいんじゃない?」と口で言っていたときは、「帰ってきてからお風呂も入るし、テレビも見たいのに、宿題なんか終わらないよ!」と余計に混乱させてしまっていました。

今は、自分でやることフセンを並び替えて、落ち着いて計画しています。

宿題ができない、どうしよう、という不安が解消されたからか、お友だちとの約束も多くなり、楽しく遊んで帰ってきたら宿題をやる、というのが習慣になっています。

POINT

やることを目で見て、やることフセンを動かしながら優先順位をつける練習をしよう

こんな例も…

小5女子　Fちゃんの例

Before

フルタイムで仕事をしていますが、娘が5年生になり学童保育がなくなりました。学校から帰ってきてから親が帰るまで、娘は一人で過ごしています。

その間に、宿題を済ませて、お手伝いの「お風呂洗い」をする約束になっています。

しかし、「お風呂洗うの忘れてた！」「宿題やろうと思ったけど、わからない問題があったからできなかった」など理由をつけて、結局ゲームをしたり、テレビを見たりして過ごしているようです。

夕方のうちにやるべきことを終えられていないので、夜の時間帯にやることが集中して、寝る前が大忙しです。

寝る時間も遅くなってしまい、朝起こすのも大変で、いつもバタバタ家を出ています。

手帳をこう使った！

デイリースケジュールCを使ってやることをまとめる

一人でできること、一緒にやることを明確にして、前日の手帳ミーティングでお互いの予定を確認

After

学校から帰ってきてから、寝るまでにやることを全部フセンに書き出しました。

そのフセンを、「一人でできること」と「親と一緒にやること」に分けました。

「こんなこと一人でやってくれたら夜、楽なのに」と思うことも多かったからです。

デイリースケジュールを作るときに、書き出し

たやることを、子どもが1つずつ「一人で」「一緒に」と分けることで、何を一緒にやってほしいのか、どうして一人ではできないのかなど、子どもの今の気持ちを聞くことができました。

宿題は、「わからないことがあるとできないから一緒に」と言っていましたが、全部を一緒にやっていると夜の時間が足りないので、一人の時間に宿題をやり、わからないところは一緒にやることにしました。

音読の宿題も一緒にいるときにやることですが、やはり夜の時間はやることが多いので、忘れてしまいがちでした。

「音読は朝の時間にやったほうがいいかもしれない」という娘のアイディアで、朝やることに決めてからは、毎日欠かさず続けています。

毎日、夜の手帳ミーティングで明日のお互いの予定を確認しています。「明日は○○ちゃんと図書館に行く約束をしているから、宿題も図書館でやってこよう」というような話が聞けるようになりました。

今まで一人でいる時間に何をやっているのかよくわからなくて心配していましたが、手帳ミーティングのおかげで会話が増え、どんなふうに過ごしているのかがよくわかるようになりました。

「明日はお母さん、会議があるからいつもより1時間ぐらい遅くなりそうなの」というイレギュラーな予定も伝え忘れることがなくなり、同時に、「お米をといでおいてくれるかな?」と事前にお手伝いもお願いできるようになりました。

以前だったら、「わかった」と言いつつ、ゲームに夢中になって頼まれたことを忘れていたと思いますが、今は手帳に書いて貼ってあるので、お手伝いもちゃんとやってくれて助かっています。

4 宿題もやらずにゲームばかり……

Before　小3男子　Gくんの例

学校から帰ってきたらすぐにゲーム。ご飯を食べたらすぐにゲーム。とにかくゲームばかりをやっています。「ゲームは1日1時間にしよう」とルールを決めましたが、結局、「あと、ちょっと！」「もう少しで終わりにする」と言って、いつも何時間もゲームに没頭してしまいます。

　そのため、宿題をするタイミングがいつも寝る間際になってしまい、寝る時間も遅くなっている状況です。

やることもやらずにゲームばかりやっている子どもに頭を悩ませている方は多いでしょう。

「宿題が終わらなくて、夜大変になるんだから、先にやることをやったほうがいいよ！」と親は今までの経験から子どもにアドバイスしますが、子どもたちにその言葉は届かず、「あとでやるー」とゲームに夢中になります。

「やることをやってから、好きなことをやればいい」という大人の理論は通じません。子どもは「目の前のものが一番大切」ですから、宿題より、ゲームのほうが大切なのです。

　そのため、宿題を優先させて、子どもたちにとって大切なゲームをやめなさい、あと回しにしなさいと伝えてもうまくはいかないでしょう。

　子どもの「ゲームをやりたい」という気持ちに理解を示しつつ、宿題などのやらなければならないこともできるように手帳を活用しましょう。

困った・できない

- やることがわかっていないから、目の前のことや好きなことに夢中になる
- あとからやらなければならないことに気づいて、大変な思いをしている
- 親は子どもがやることをやっていないと感じてイライラしてしまう

⬇

ここを活用！

・デイリースケジュール

⬇

こう変わる！

- やることを書き出して、計画を立てる
- 自分で順番を考えて、１つずつやる

⬇

目の前のことだけに夢中にならず、やるべきこともやる

失敗も経験と考え計画する力を磨く

デイリースケジュールにフセンを貼り、計画を立てるという基本的な使い方は同じです。

子どもが立てた計画を見ると、おやつを食べて、ゲームをやってから宿題をやる、など親の思う優先順位と違う計画を立てる場合も多いでしょう。「これでは、今までと全然変わらないでしょ！」と怒りたくなるかもしれません。

でも、ここで親の思う優先度と違うからといって、訂正させないでください。

子どもが自分で考えて計画を立てて、やってみることが大切なのです。そして、やってみて、うまくいかなかったこと、うまくできたこと、その経験を通して優先順位のつけ方を学んでいきます。

だから、親の思う通りの計画でなくても、子どもの立てた計画通りに過ごしてみます。

そして、結果はどうだったのか、手帳ミーティングで振り返るのです。ゲームが終わってから宿題をすると言ったけれど、やっぱりできなかった。「じゃあ、明日はどうするか?」を考えるのです。

手帳を使う前にも、いつ宿題をやるのか確認していたけれど、結局は「ゲームが終わったら、宿題をするって約束したじゃない!」とガミガミ怒るのを繰り返していた方も多いでしょう。

そのような方は、手帳を使っても、どうせやらないんじゃないかと不安に思うかもしれません。

手帳があることによって大きく違うのは、目で見て確認しているということ。フセンに書いた、すべての「やること」を見ながら計画するので、頭の中で考えていたときとは、宿題に対する意識が大きく異なります。

頭で考えると、大好きなゲームに気持ちを持っていかれてしまいがちですが、文字に書いたものを並べて考えながら計画するので、宿題にも意識を向けやすくなるのです。

手帳ミーティングでも、事前に翌日の過ごし方をシミュレーションするので、予定が記憶に残りやすくなります。

計画を立てる段階で、5時から宿題をやる、など具体的な時間も計画しておくのがおすすめです。実際にゲームをやるときにも、「何時までゲームをやる予定なの?」と声をかけて、本人に手帳を見て予定を確認させるのも効果的です。

口での確認・約束は、子どもは忘れてしまい、親は子どもを信じられない場合が多くあります。

しかし、デイリースケジュールで計画を立てることで、目で見て親子共に確認できるので、親は子どもを信じることができ、子どもは忘れずに実行できるようになります。

After **Gくんは手帳をこう使った！**

デイリースケジュールを使って「学校から帰ってきてから寝るまで」のやることを確認。フセンに書いた「やること」が全部終わったらゲームをやってOKのルールにする

学校から帰ってきてから、寝るまでにやることを全部フセンに書き出してみると、宿題と時間割をそろえる、学校からの手紙を出すなど、やることはそれほど多くはありませんでした。

書き出したやることフセンを見ながら、親子で相談しました。

寝る時間が遅くなっているから、「9時30分には寝る」、そのために「宿題は夕食を食べる前までにやる」と決めて、それ以外は自分で毎日考えてやってみようという結論になりました。

結果的にやることさえやればゲームをしてOKとなったので、宿題とそのほかのやらなければならないことを終わらせてから、ゲームをはじめるようになりました。

「夕食の前に宿題をやる」ができるようになったので、夕食後は、お風呂に入ったり、時間割をそろえたりする以外の時間は、ゲームをしています。

「もうちょっと勉強したら？」と言いたくなるときもありますが、宿題をやる、9時30分までに寝るなどの約束は守れているので、ガミガミ言いたくなることはなくなりました。

POINT

子どもの計画を実行し、結果をしっかり振り返りましょう

こんな例も…

小6女子　Hちゃんの例

Before

毎日、塾で帰りが遅いので、自宅での時間があまり多くありません。帰宅後すぐに宿題をやればいいのに、テレビを見たり、ゲームをやって過ごし、宿題は朝早く起きてやっています。ゲームをやっている時間に宿題をやれば早起きしなくていいのに、と思うのですが、全く聞き入れません。

➡

手帳をこう使った！

デイリースケジュールCを7枚用意
1週間分のやることを計画

After

学校の宿題も、塾の宿題も、1週間分や3日間分などまとめて出題されます。それを振り分けて行なえるようにするために、あらかじめ1週間分のデイリースケジュールを用意しました。

そして曜日ごとに、学校から帰ってきてからの予定を計画しました。

宿題が出たら、そのつどフセンに書いて、デイリースケジュールへ貼って計画を立てています。

今でも、帰宅後はやっぱりテレビかゲームですが、自分で計画を立てて宿題をやっているので、ゲームは息抜きとして大切なのかな、と思えるようになりました。宿題が終わらなくて朝早く起きなくてはならない日もありますが、本人が「早く起きてやる」と決めてやっているので、それもいいのかなと思います。

宿題が多いときは、「先にご飯を食べて宿題をやりたいから、今日は早めにご飯にして！」などリクエストも出てくるようになり、自分なりに計画して頑張っています。

5 決めた通りにしか行動しない

Before 年長女子 Iちゃんの例

朝、幼稚園に行くしたくを自分で決めた通りにやらないと、次に進めません。

歯磨きの仕上げ磨きをしてあげているのですが、「手があいてないから先に着替えをしておいてね」と言っても、「まだ歯を磨いてないから、着替えはできない」と絶対にやろうとしません。

「着替えじゃなくてもいいよ。先にやれることをやってね」と言っても「今は歯磨き！」と言って全く進みません。

「これ！」と決めたら、その通りに進めないと気が済まない。

思い通りにできないと、途端にやる気を失い、動かなくなってしまう。

そんな子どもの姿を見ていると、もうちょっと柔軟に対応できないかな……と心配になります。

しかし、経験値の少ない子どもにとって、突然の変更、新しいことへの対応は、大人が思う以上に不安なことなのかもしれません。

私たちの生活は、事前に計画を立ててシミュレーションすることはできますが、予定通り、自分の思った通りにすべてが進むわけではありません。子どもにも慌てずに、臨機応変に対応できるように、予定変更を手帳で確認できるようにしましょう。

困った・できない

- 自分の頭の中に自分の決めたやり方がある
- 順番が変わると、やる気がなくなる、できない
- 順番が変わるとできなくなるのではないかという漠然とした不安がある

⬇

ここを活用！

・デイリースケジュール数枚

⬇

こう変わる！

- 変更を目で見て確認できるようになる
- 変更しても問題なくできるということが確認できるようになり、安心して変更を受け止められるようになる

⬇

臨機応変に変更にも対応できるようになる

パターンに分けて現状を把握する

学校から帰ってから習い事に行くまでの時間、夕方から寝るまでの時間など、やることの順番が変わりやすい時間帯に絞ったデイリースケジュールを用意します。

また、いくつか決まったパターンがあれば、それに合わせて用意すると便利です。習い事がある日の過ごし方、習い事のない日の過ごし方、お友だちと約束がある日の過ごし方などです。

それぞれのパターンで、やることをフセンに書き、いつもの順番、決めている順番通りにフセンを貼ってデイリースケジュールを完成させます。

変更を目で確認して順番にやる

手帳ミーティングで、明日の流れを確認・計画し、翌日それを実行します。ただし、こだわりが

強い子は、決まったパターンで予定が進むときはあまり手帳の必要性を感じないかもしれません。

大切なのは、いつものパターンで行動ができないときです。前日からイレギュラーな予定がわかっているときは、手帳ミーティングでしっかり変更を確認します。言葉だけでの確認は、子どもが納得できないので、やることフセンを動かしながら計画しましょう。

翌日はいつも通りデイリースケジュールに貼られた順番にやることを行ないます。きちんと前日に予定を確認し、計画していればデイリースケジュールの順番通り、ということで子どもも納得できるはずです。

学校からの帰りが遅くなった、急な来客があったなど、突然予定が変更になったときも、そのつど、フセンを動かして順番の変更を確認します。

こだわりが強い子の場合、頭の中だけで考えたり、親が口で指示したりしても、こだわっている部分から抜け出すことができません。変更があるときは、目で見て、やることフセンを並び替えることで対応してみてください。

上から順番にやるというルールに納得できれば、やることを入れ替えても、このルールは変わらないので、子どもも納得でき、突然の変更にも少しずつ対応できるようになってくるでしょう。

After Iちゃんは手帳をこう使った！

デイリースケジュールAを使ってやることフセンを動かして、変更を知らせる

朝のしたくでやることを1つずつフセンに絵を描いて、デイリースケジュールに貼りました。

上から順番にやって終わったフセンは隣のページのフセンシートへ移動させています。いつもの

「一人でできた！」が増える

順番がわかるので安心し、一人でできることが増えました。

ほかのことを先にやっておいてほしいと思ったときは、口で伝えずに、デイリースケジュールを見て、フセンを動かし、「これを先にやってね」と伝えるようにしました。

勝手にフセンを動かすことを嫌がるときもありますが、ほとんどの場合、「上から順番に」というルールさえ守れれば納得できています。

以前は、朝の時間がないときに、「やだやだ」と騒いでなだめるのが大変でしたが、ちょっと立ち止まって、一緒に手帳を見て話すことで、お互い納得できるようになり、朝の時間の過ごし方がスムーズになりました。

POINT

やること、やる順番を自分で見て確認、並び替えて変更して、子どもが納得できるようにしよう

こんな例も…

小4男子　Jくんの例

Before

帰ってきたら、宿題→おやつ→テレビ→ご飯→お風呂、と決めている息子。

習い事をはじめたら、帰宅後すぐにしたくをして家を出なくてはならず、「宿題ができないから、やっぱり習い事やめる」と言い出しました。

「宿題は、習い事から帰ってきてからやればいいんじゃない？」と伝えても、「できなかったらどうしよう」と不安を口にしています。

手帳をこう使った！

デイリースケジュールCを使って、習い事のない日と、習い事のある日の2パターンを作成。手帳ミーティングでしっかり前日に明日はどのパターンかを確認

After

習い事のない日と、習い事のある日の2パターンのデイリースケジュールを作成しました。

最初に習い事のない日にやっていることをフセンに書き出してみると、何となくテレビを見たり、本を読んだり、家族でおしゃべりしている「自由時間」がたくさんあることがわかりました。

そして、習い事のある日は、帰宅後すぐには宿題ができないけれど、いつもある「自由時間」に宿題をやるという予定を立てました。

習い事があっても宿題を終えられることが目で見てイメージできたので、安心したようです。

宿題がいつもより多く出た日、遠足などいつもと学校の予定が違う日などは、不安になることもありますが、イレギュラーなこともフセンに書いて、デイリースケジュールに貼って、計画を立て直しています。

6 お手伝いが継続してできない

Before 年中女子 Kちゃんの例

何かお手伝いをさせたほうがいいだろうと思い、「玄関の靴並べ」を毎日やるようお願いしました。

1日目は喜んでやりましたが、できたのはたった1日でした。「どうしてやってくれないの?」と聞いても、「やりたくないから」との答えしか返ってきません。しかも、「料理を手伝いたい」「野菜を切ってみたい!」など、ほかのお手伝いをやりたがります。

お手伝いすると宣言して、はじめは熱心にやるのに、すぐ飽きてやらなくなる。

「やらないの?」と聞くと、「今日は疲れているから無理」「昨日、頑張ったから今日はお休みにする」など、理由をつけて結局やらない。

たった1つのお手伝いなのに、「どうしてできないの!」と口うるさく言いたくなります。

また、本当はお手伝いしてもらうよりも、親である自分がやったほうが早いことも多いから、何度も言ってしぶしぶやらせるよりも、「いいや、自分でやってしまおう」と、だんだんお手伝いさせなくなってしまうということもあるかもしれません。

子どもが成長、自立していく上では、お手伝いをすることは重要だと言われています。他者を助ける経験を通して、心を育てたり、家事仕事を覚えたり効果はさまざまあるようです。

継続してお手伝いできる仕組みを作りましょう。

困った・できない

- お手伝いのハードルが高い
- お手伝いが1つの場合、お手伝いをやるかやらないかの2択しかない

⬅

ここを活用！

・お手伝いリスト（好きな紙に穴をあけて、お手伝いの内容をいたフセンを貼ったもの）
・できたよシート

⬅

こう変わる！

- 小さなお手伝いを複数用意する
- 毎日、その日にできることをやればいい状態にする

⬅

毎日お手伝いができる！

毎日必ず1つは手伝える状況を作る

お手伝いの内容を細かくフセンに書きます。

たとえば、「夕飯を食べる準備をする」と書いてあっても、何をやればいいのか子どもはわかりません。

「テーブルをふく」「おはしを並べる」「ご飯をよそう」など、子どもが見てわかる細かさにして書きます。

子どもに、「やってくれているお手伝いを教えて」と聞いてみてください。

親としては、「やって当たり前」と思っているようなことを、子どもは「頑張ってこんなこともお手伝いしているんだよ！」とアピールしてくる場合も多いでしょう。ハードルが高すぎるとやるのが難しくなるので、簡単なものでOKです。

できるお手伝いをたくさん書き出して、それを並べれば、お手伝いリストの完成です。

「あれやって！」と言わずに任せてみる

「お米といで！」「お風呂を洗って！」と指示するのをやめて、「お手伝いリストを見て、できるお手伝いをお願いね」と伝え、あとは子どものやる気に任せます。

子どもの気分がいい日は、たくさんのお手伝いをしてくれるでしょう。気分が乗らない日はあまりできないかもしれません。

でも、小さなお手伝いをたくさんリストアップしてあるので、毎日1つぐらいはお手伝いができている状態になるはずです。

できたことに「ありがとう」と感謝の気持ちを伝えて、「できたよシート」へシールを貼ったり、スタンプを押したりすると、子どものお手伝いへのモチベーションが上がります。

大盤振る舞いで、できたお手伝いの数だけどんどんペタペタすると、子どもは喜び、お手伝いが楽しく感じられるようになります。

毎日継続して続けてほしいお手伝いは、デイリースケジュールの中に、お手伝いの内容を書いたフセンを貼ることで、やることの1つになり、忘れにくくなります。

ほかのやることと同様、上から順番に行なっていけば、継続できるようになっていくでしょう。

After Kちゃんは手帳をこう使った！

お手伝いリストを作成
できたことがわかるようにフセンを移動
できたよシートにスタンプを押す

どんなお手伝いがやりたいのかを聞きながら、お手伝いを1つずつフセンに書きました。

「野菜を切る」「おかずを作る」など、今はまだ難しいかもと思うようなものから、「テーブルをふく」「新聞を片づける」「お茶碗を下げる」など、今もときどきやってくれているお手伝いまで書き出しました。それを1枚のシートに全部貼って、お手伝いリストにしました。

夕方に、「お手伝いお願い！」と伝え、自分でそれを見ながらできるお手伝いをいくつかやってくれています。

具体的に、「お茶碗並べてね」などとお願いする場合もありますが、自分でやったお手伝いも、お願いしたお手伝いも、やったお手伝いは、お手伝いリストの隣のフセンシートへ移動させるようにして、夜の手帳ミーティングで、できたお手伝いの数を数えて、できたよシートにスタンプを押して「ありがとう」を伝えています。

毎日たくさんのスタンプを押せるので、子どもは喜んでいます。

お手伝いを書き出しているときに、親のやってほしいお手伝いと、子どもがやりたいお手伝いは違うんだな、ということがよくわかりました。

今は楽しんでお手伝いをやってくれているので、子どもがやりたいと思っているお手伝いをどんどんやらせてあげたいなと思っています。

POINT

1つの大きなお手伝いより、小さなたくさんのお手伝いをできる状態にして、お手伝いのハードルを下げよう！

こんな例も…

小6Lくん&小4Mくんの例

Before

親の帰宅時間が遅いので、兄弟で留守番をして待っています。その間に、お風呂洗いと、洗濯ものを取り込むことをお手伝いとしてお願いしています。どちらが何をやるかで兄弟げんかをして、結局やっていなかったり、「お兄ちゃんがやっていると思ったからやらなかった」など、ほとんど忘れています。

手帳をこう使った！ ⬅

デイリースケジュールCに「お風呂を洗う」と「洗濯物を取り込む」と書いたフセンを貼り、お手伝いもやることの1つに

手帳ミーティングで、明日の担当を決める

After

毎日、夕方のやる時間になってから、「お風呂掃除はお前がやれ」「明日はぼくがやる」、と話し合っていたのを、前日の手帳ミーティングで決めるようにしました。決めたら、報告してもらうようにして、3人で担当を把握します。

朝、家を出るときに、「Lくんお風呂掃除の当番よろしくね。Mくん洗濯物の片づけをよろしくね！」と再度確認して出かけるようにしました。

今日は自分がお風呂掃除の当番、と事前に確認するようになったので、以前より忘れることは少なくなりました。

ときどき、「やっぱりお風呂洗い代わってよー！」とケンカすることもあるようですが、以前よりずっと減りました。この調子で、毎日続けられるように頑張ってほしいと思います。

7 片づけ・整理整頓ができない

Before 小2男子　Nくんの例

「ただいまー!」と帰ってきたら、ランドセルを床に投げ、上着と靴下を脱ぎ捨て、遊びに夢中になります。
おもちゃ箱をひっくり返して、全部を床に広げて遊ぶので、夕方になるとおもちゃ、学用品、洋服の全部が散乱している状態です。

子どもが片づけられないことに困っている話は多く耳にします。部屋が散らかっていることにより、忘れものが多くなる、したくに余計な時間がかかるなどの問題も発生してきます。

ランドセルは所定の位置に戻す、出したものは片づけるなど、自分の身の回りの整理整頓はできる子なってほしいですよね。

でも、散らかってしまった部屋を片づけてほしいとき、「片づけなさい!」という一言で子どもを動かそうとしても、子どもは動けないことがほとんどです。その原因は、多くの場合、何をどうしたらいいのかがわかっていないことにあります。

「片づける」は、大人からすると1つの動作のように見えますが、散らかっているものはいろいろあります。おもちゃ、本、教科書など、ものによって片づける場所や収納方法が違うので、「片づける」は子どもにとって1つの動作ではないのです。1つひとつ片づけ方を知らなければ、子どもは一人で片づけられません。

まずは片づけ方を確認できる状態にし、それを習慣化できるように手帳を活用していきましょう。

困った・できない

- 片づけ方がわからない
- 親は片づけられると思って「片づけなさい」としか言わない

↓

ここを活用！

・デイリースケジュール
・お片づけリスト
（好きな紙に穴をあけて片づける内容を書いたフセンを貼ったもの）

↓

こう変わる！

- 何をどこへ片づけるか、具体的な片づけ方を手帳で確認できる
- 「手帳を見て片づけてね」の一言で具体的なお願いになる

↓

自分で片づけをして、整理整頓ができる

片づけ方を手帳にまとめる

好きな紙に穴をあけて、片づける内容を書いたフセンを貼る場所を用意します。

そして、片づけるものを1つひとつフセンに書いて貼れば「お片づけリスト」ができます。

いちいちフセンに書くのは面倒に思うかもしれませんが、子どもは「片づける」という一言では、片づけることができません。大人が思っている以上に、細かくはっきりさせておかなければ行動につなげるのが難しいのです。

親子で一緒に散らかっている部屋を見ながら話をするのがおすすめです。「（部屋に散らかっているものを手にして）これ、どうすればいいかな？」と相談しながらフセンに書き出してください。

たとえば、「本を本棚へしまう」「おもちゃをおもちゃ箱へ入れる」「ゴミはゴミ箱へ捨てる」「上

着をハンガーにかける」という感じです。

このときに、片づける場所、片づける方法なども改めて親子で一緒に確認してください。意外と片づける場所を決めていなかったり、片づけ方を理解していないことに気づく場合も多くあります。

書き出したフセンは、大きく２つに分類することができます。

①毎日、決まったタイミングでやること
②お片づけタイムにまとめてやること

①は、ランドセルのように「学校から帰ってきたら」ランドセル置き場に置く、上着のように「外から帰ってきたら」クローゼットにしまう、という決まったタイミングで片づけるものです。

②は、本やおもちゃのように、「遊んだとき」に片づけるという、タイミングが日によって大きく違うものです。

①のタイミングが決まっているものは、デイリースケジュールにやることフセンを作って貼ります。

②の場合、１つ出したら１つ片づける、というのは、遊びに夢中になる子どもには難しいので、**「遊びの終わりに、まとめて片づけをする時間」＝「お片づけタイム」を設けて、そのときにまとめて片づけるようにする**とスムーズです。

デイリースケジュールには、細かな内容が書かれたフセンは不要です。その代わり、「お片づけをする」や「お片づけタイム」などのやることフセンを貼ります。

お片づけタイムにやることは、１つのシートに片づけ方を並べて貼って、お片づけ専用のリストを作っておきます。

やることとしてしっかり認識させる

デイリースケジュールに貼ったやることは、ほかのことと同じように、上から順番にやります。たとえば、学校から帰って、「ランドセルを片づける」「手を洗う」「宿題をやる」という感じです。

すると、毎日繰り返すことで生活習慣の１つとして、だんだん身についていくでしょう。

そして、お片づけタイムには、親子で相談して作った「お片づけリスト」を見ながら、片づけをするように促します。

今まで、「片づけて！」と言われても何をどうしていいのかわからなった子どもも、リストを見れば「本は本棚に入れるんだな」「上着はハンガーにかけてしまうんだな」と一目でわかり、自分で片づけられるようになります。

しかし、最初から全部子どもだけでやることは難しいかもしれません。

はじめはお片づけリストを見ながら親子で一緒に片づけをしてみてはいかがでしょうか。

子どもなりに考えて片づけをしているつもりでも、親の思うような状態には片づけられないことも多いでしょう。

一緒に片づけをすることで、「片づいている状態」を共通認識として持つことができ、少しずつ子どもだけでも片づけができるようになります。

After　Nくんは手帳をこう使った！

お片づけリストを作成
「お片づけタイム」と書いたフセンをデイリースケジュールに貼る

お片づけリストのイメージ

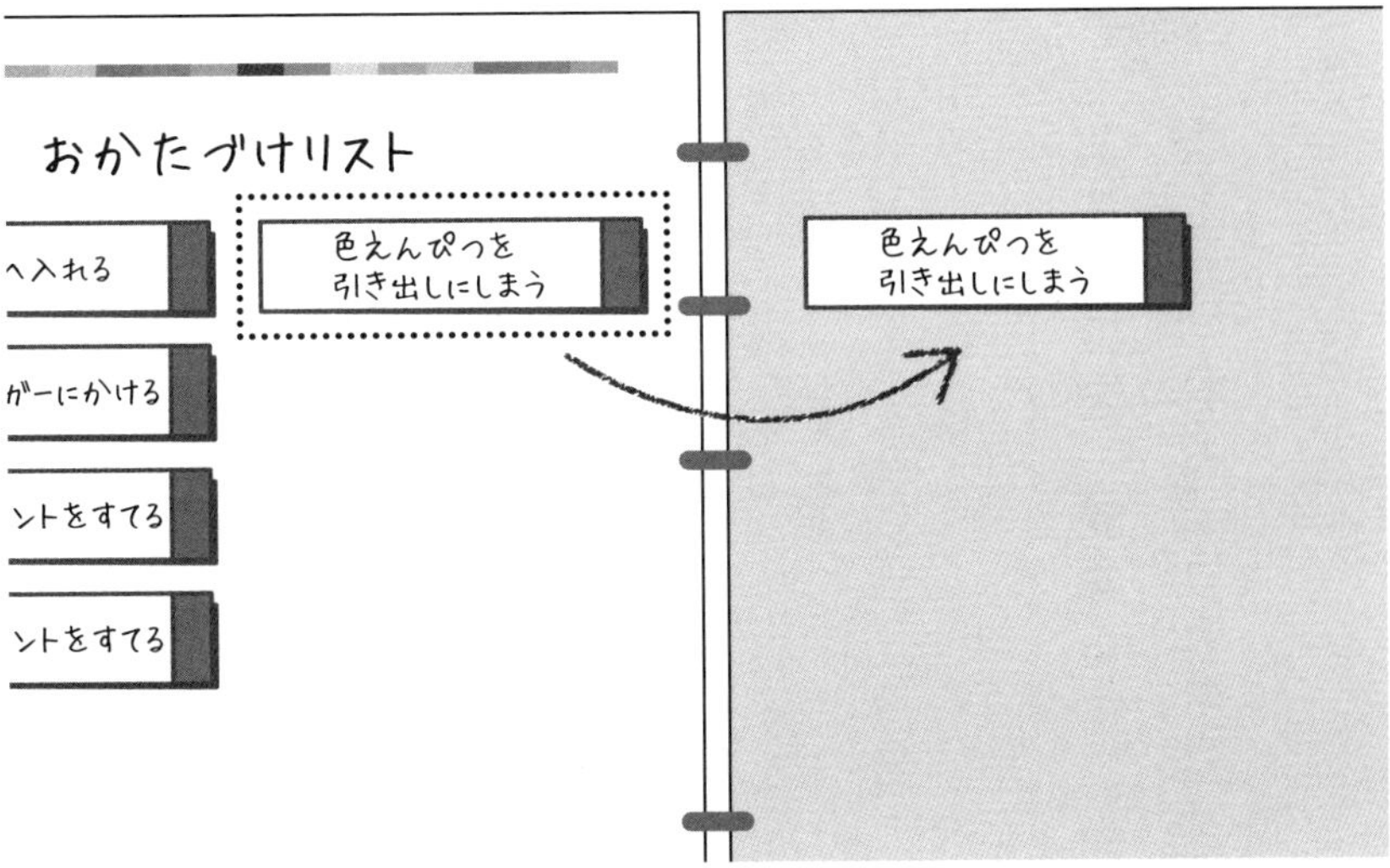
おかたづけリスト
へ入れる
色えんぴつを
引き出しにしまう
ガーにかける
ントをすてる
ントをすてる
色えんぴつを
引き出しにしまう

上着は脱いだらすぐにハンガーに、ランドセルは机の上へ、とやってほしい気持ちはありますが、まずは、毎日1回リセットするために、部屋を片づけることを目標にしました。

夕方、部屋に落ちて散らかっているものを手に取って、「これはここへ」と確認をしながら片づけを進め、それをすべてフセンに書き出すことからはじめました。

「本を本棚へ入れる」「靴下は洗濯カゴに入れる」「鉛筆を机の引き出しにしまう」というようなフセンができあがりました。

できあがったお片づけ用のフセンを貼るページを作り、「お片づけリスト」として手帳に入れました。そして、デイリースケジュールには、「お片づけタイム」というフセンを夕食の前の時間帯に貼りました。

それからは、夕食を食べる前の10分間をお片づけタイムと決めて、ストップウォッチをセットし、「よーい、ドン!」のかけ声と共に、一緒に片づけをしています。

床の上にものがなくなれば終わりとして、何分で片づいたかを、手帳に書き込んでいます。

早く終わらせたい、新記録を出したいという気持ちのほうが強くて、片づけ自体は雑な部分も多いですが、お片づけタイム自体は楽しんでやっています。

お片づけリストを作っていて感じたことは、親が思っている以上に、子どもはどこに何を片づければいいのかわかっていないのだな、ということでした。

適当に「この辺でいいや」と放り込むので、次に必要なときに見つからないし、ものが混在して、片づけても片づけても整頓されない状態になっていることを知りました。

「片づけて!」と何度言ってもできなかった理由がこれなのでしょう。

もっと子どもがわかりやすいように、片づけ場所も考え直せば、よりきれいに片づけができるようになりそうです。

POINT

お片づけを「見える化」して、何をどう片づければ「片づいた状態」になるかがわかるようにしよう

こんな例も…

小5女子 Oちゃんの例

Before

いつも机の上にものが山積みになっていて、必要なものがすぐに出てきません。

「宿題のプリントがなくなった！」「大事なお手紙が見つからない！」と毎日大騒ぎです。山になった荷物から必要なものを取り出して時間割をそろえたりするため、よく忘れものをしています。

手帳をこう使った！

お片づけリストを作成
週に一度のお片づけタイムを設ける

After

机の上に散乱しているものの正体がわからなかったので、「プリント」「教科書」など1つずつ分類しながら一緒に片づけました。そして、教科書を置く場所、塾のドリルや問題集を置く場所など定位置を決めました。

それから、片づける場所別にフセンの色を変えて、片づけるものを書きました。教科書や文房具はピンクで、ピンクのフセンのものは机へ、マンガや雑誌は青のフセンで、青のフセンのものは本棚へ……という感じです。

あとは、シートを1枚用意して、そこに貼って「お片づけリスト」にしました。

とくに、塾のプリント類は、毎回大量にもらうので、すぐにファイルにはさんで片づけるのは難しいとのことでした。

相談した結果、仮置き場として箱を用意し、1週間に一度、その箱からファイルに移し、箱の中を空にするお片づけタイムを設けました。

片づける場所と時間を決めたことで、教科書や本は毎日片づけられるようになってきています。

8 持ちものの準備が一人でできない

Before 年長女子 Pちゃんの例

毎朝、保育園へ持って行く荷物の準備をもう何年もやっているのに、「わかんない！ ママがやって‼」と自分でやろうとしません。時間にも追われているため、ついやってあげてしまうので、いつまでも自分でできるようになりません。

来年には小学生になるし、何とか自分でできるようになってほしいと思っています。


自分の持ちものなのに、自分で用意しようとしない。「準備できたの?」と聞くと「うん」と返事はいいけれど、忘れものが多い。

習い事には、毎回同じものを持って行くだけなのに、自分で用意ができない。

忙しい時間に、毎回「できない、わからない！」と言われるのは大変です。

自分のことなのに、いつものことなのに、一人で準備もできなくて大丈夫かしら……と不安にも思います。

準備すること自体を忘れているし、「準備しようね」と声をかけても自分ではできない姿を見ていると、「どうして?」と思ってしまいますね。

しかし「準備して」は「早く！」や「片づけて」と同じで、「準備して！」と言われても、何をどう準備したらいいのか、子どもはわかりません。

何がわからないのか、どうして一人でできないのかを親子で話し合い、子どもが自分でできるようになるための機能を手帳に組み込みましょう。

困った・できない

- 準備するものがわからないからできない
- 準備できているつもりでも忘れものが多い

⬅

ここを活用！

・デイリースケジュール（持ちもの欄つき）
または、持ちものリスト（好きな紙に穴をあけて持ちものを書いたフセンを貼ったもの）

⬅

こう変わる！

- 準備するものを1つずつ確認できる状態になる
- 準備できているもの、できていないものを目で確認できる状態になる

⬅

言われなくても、自分で持ちものを準備できる！

シーンごとに細かくリスト化

デイリースケジュールの持ちもの欄、または、持ちものを書いたフセンを貼る用紙を用意し、「持ちものリスト」とします。

一人で準備ができないシーンごとに、「持ちものリスト」を作成するのがおすすめです。一人で準備できないシーンがいくつかあれば、その数だけ持ちもののリストを作ります。

具体的には、毎日の学校・保育園や幼稚園に持っていく持ちもののリスト、月曜日に持っていく持ちものリスト、習い事の持ちもののリストなどです。

デイリースケジュールを「サッカーのある日」とした場合、「サッカーの持ちもの」はそのデイリースケジュールの持ちもの欄に貼ると、1ページでやることと、持ちものを見ることができます。

用意が済んだフセンは、隣のページのフセンシートに貼り替えます。こうすることで、目で見

て準備ができたものとそうでないものがすぐにわかり、子どもでも迷わず、忘れものをすることなく持ちものをそろえられます。

フセンは面倒でも細かく具体的に書く

「何を持っていかなければならないか」は、子ども自身が考えて、親子で確認しながらフセンに書き出すのがポイントです。

親が、「月曜日の持ちものは、上ばきと、体操着と、マスクだよ！」と全部教えて書いたものと、「月曜日の持ちものは何かな？」と質問をして、「えっと―、上ばきでしょ、体操着と……」と子ども自身が考えて答えたものを書いた持ちものリスト、結果的には同じリストができあがりますが、子どもの考える機会になりますので、時間がかかっても、ぜひ考えさせるようにしてください。

そして、持ちものは、子どもが準備できるように1つひとつ細かく書きます。

たとえば、「筆箱」と書いてあっても、鉛筆が5本必要なのに、2本しか入っていない、削っていないなど筆箱の中身が準備できていないときは、「鉛筆を削る」「鉛筆を5本入れる」など細かく書きます。

フセンを動かしながら確認する

できあがった持ちもののリストを見ながら1つずつ準備していきます。

準備すること自体や、いつ準備するのかを忘れてしまう子には、デイリースケジュールに「○○の準備をする」というフセンを貼るといいですね。そうすれば、フセンが貼られているタイミングで、持ちもののリストを見ながら準備できます。

隣にあるフセンシートへフセンを移動させるこ

持ちもののリストの例

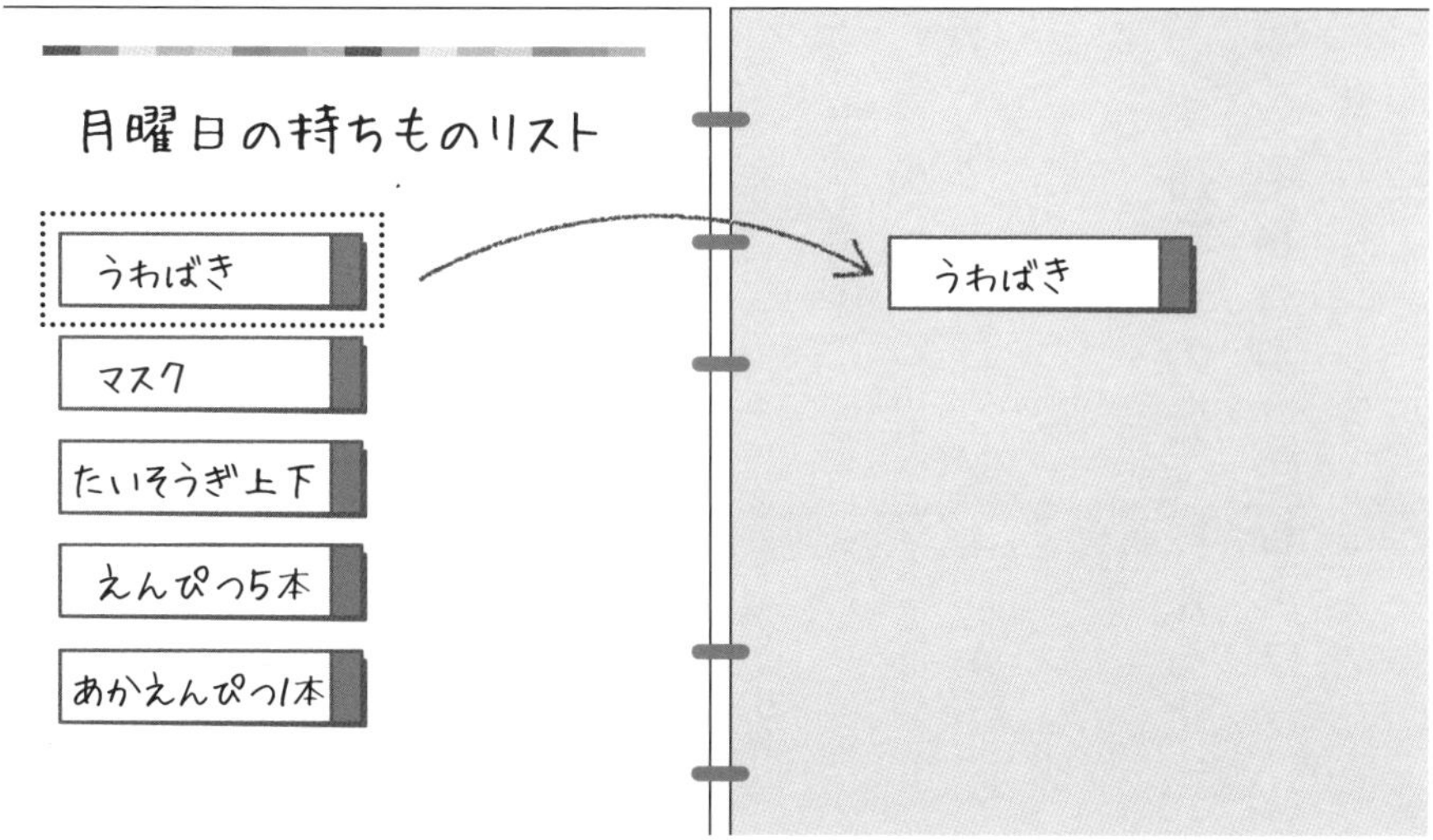
月曜日の持ちものリスト
うわばき
マスク
たいそうぎ上下
えんぴつ5本
あかえんぴつ1本
うわばき

とで、すでに用意できたもの、まだ用意できていないものが一目でわかるようになり、子どもが自分で用意しやすくなります。

最初から一人で全部やるのは難しいかもしれませんが、リストを見ながら1つずつ準備するのを繰り返しやることで、少しずつ身についていきます。リストにしたことで「何を用意したらいいかわからない！」という状態ではなくなりますので、わからなかったら見ればいいので安心です。

それでも、「お母さんがやって！」と言われたら、「手帳を見ながら一緒にやってみようね」と声をかけ、手帳を使って準備する習慣を徐々につけていきましょう。

After

Pちゃんは手帳をこう使った！

毎日の保育園持ちものリストを作成
できたよシートでモチベーションアップ！

休みの日に時間を取って、持ちものをタックシールフセンに書きました。まだ字がほとんど読めないので、文字だけでなく絵も描きました。

左ページに持ちものを書いたタックシールフセンを並べて貼り、右側のページのフセンシートにはカバンの絵を描いた紙をはさんで、カバンに持ちものを入れたら、フセンをカバンの絵の上へ動かす、というルールにしました。

これが効果絶大で、子どもは喜んで荷物の準備をするようになりました。

継続して準備ができるようになってほしいと思ったので、子どものモチベーションを維持するために、全部の準備ができたら、「できたよシート」にシールを1つ貼ることにしました。

タックシールフセンを動かして保育園へ行く準備をし、最後にできたよシートにシールを貼るのが嬉しいようで、今では楽しく準備をしています。

機嫌が悪く、なかなか準備が進まない日もありますが、そんなときは、一緒に持ちものリストを見ながら、「カバンさんはあと何が必要ですか?」など会話をして手伝いながら準備しています。

それでも、「ママ、もうできちゃったよ!」とできたときは得意気な顔をしているので、「自分で準備をするという経験が自信につながっているのかな?」と感じています。

POINT

持ちものを「見える化」して、子ども自身が見て確認、準備できるようにしよう

こんな例も…

小5男子　Qくんの例

Before

忘れものをするのが当たり前のようになり、本人も全く気にしていないようです。

特別な持ちものを忘れるのではなく、筆箱の中身の鉛筆や消しゴム、教科書など、毎日持っていくのが当然のようなものを忘れています。

もう5年生なのに、どうしてできないんだろうと途方に暮れています。

←

手帳をこう使った！

持ちもののリストを作成
持ちものを一緒に手帳を見ながらチェック！

After

「筆箱には何を入れるの？」と聞いてもわかっていない様子。「社会」には教科書と地図帳とノートが必要、ということも理解していないことに気づきました。教科書やノートを見ながら、全部をフセンに書き、持ちものリストを作成しました。

そして、毎日宿題が終わってから一緒に時間割と筆箱の中身をチェックするようにしました。

持ちもののリストを見ることで自分で準備ができるようになり、忘れものもだいぶ減りました。

正直、「5年生にもなって、こんなこともやらないとダメなの？」と思いましたが、全然身についていないことがわかったので、「やりすぎかな？」と思いつつも、やってみてよかったです。

持ちものの準備は、当たり前にできるようになるものだと思っていましたし、自立するためには親があまり手出しをないほうがいいと考えていました。しかし、きちんとやること、やり方がわかっていない状態では、できるようにはならないのだなと実感しました。

9 必要なものを前日の夜に言い出す

Before　小3女子　Rちゃんの例

「忘れてた！　明日〇〇を持ってきてって、先生に言われた」ということがよくあります。

　私は仕事をしているので、子どもの帰宅時に家にいないことも多く、学校からの手紙は机の上などに置きっぱなしになっていたり、夜のうちに出し忘れて、何日もカバンの中に入りっぱなしだったりしています。「なくさないように直接渡したいけど、お母さんが帰ってくるのが遅い日は、出すのを忘れちゃうの」と子どもなりに考えてはいるようですが……。


「明日牛乳パックが2つ必要なの」「この手紙、明日までに全部書いて出してって！」と子どもに言われて、「えー！　もっと早く言ってくれたら、用意できたのに、前日のしかも夜に言われて用意できないよ〜！」という事態になった経験は、一度や二度、みなさんもあるのではないでしょうか。

　前日に思い出せばまだいいほうで、親は全く知らなかった……なんてこともあるかもしれません。「何でもっと早く言わないの〜！」と怒りたくなりますが、怒っても状況は変わりませんので、手帳を使って対策を立てましょう。

　小学生ぐらいまでの子どもが必要なものがある場合、ほとんどが園や学校からお手紙などで事前にお知らせがあると思います。

　まずは、そのお知らせのお手紙をきちんと出す習慣をつけられるように手帳を活用しましょう。

困った・できない

- 園・学校からのお手紙を出さない
- お手紙を大切なものだと理解していない

↓

ここを活用！

・デイリースケジュール

↓

こう変わる！

- お手紙の大切さを理解する
- 毎日お手紙を出せるようになる

↓

事前にしっかり準備できるようになる！

理由をきちんと話し合う

先ほども説明した通り、必要なものは学校から事前にお手紙でお知らせがあります。

その「お手紙を出す」を習慣づけるために、「学校からの手紙を出す」というフセンを作ります。

親が一方的に「学校からの手紙を出す」というフセンをつくるのではなく、子どもにお手紙を出す必要性を伝えてください。

今まで、ギリギリになってから必要だと気がついて困ったことを思い出してみましょう。

「先週の図工の材料が必要だったとき、どうだったんだっけ？」「用意するものは、どうやってお知らせがあったかな？」と、子どもに質問してみてください。

「お手紙をもらわないと準備するものがわからないから、これからは、お手紙をもらったらその日のうちに必ず出してね。忘れないように、デイリースケジュールにフセンを貼っておこう。これを見て、毎日出そうね」と手紙を出す意味、手帳を使う目的などを伝えます。

1日の流れの中に組み込む

デイリースケジュールに貼ってあれば、ランドセルをしまう、手を洗う、おやつを食べる……という流れの中でお手紙も出せるはずです。

お手紙を出していないな、と思ったときは、合言葉です。「手帳を見てね」と声をかけて、子どもが自分で手帳を開いて、お手紙を出すことを思い出せるようにします。

「お手紙出すのを忘れているよ！」と直接言うのではなく、遠回りに感じても手帳を見ることを促して、子どもが自分で気づいて、自分でお手紙を出せた、という状態にしましょう。そうすることで、自分でできる子に一歩ずつ近づくことができます。

すぐにはうまくいかなくても、根気よく手帳を見て、上から順にやる、を繰り返します。

1枚のデイリースケジュールのやることフセンが多いとなかなかできない場合があります。「手紙を出す」が埋もれてしまわない工夫をしてください。

たとえば、学校から帰ってきたらやることを3～5個ぐらいに絞ります。「手を洗う」「手紙を出す」「ランドセルをしまう」の3つ。この3つのやることフセンだけを、デイリースケジュールに貼ります。

そして、「この3つができたらおやつタイム！」や「これ3つが終わったら遊びに行ってOK」というように、これさえ終われば、その子が楽しみにしていることができるんだよ、というルールにします。盛り込みすぎるとやる気がなくなるので、「こんなの簡単。すぐにやっちゃうよ！」と思える程度の簡単なことの組み合わせにしてください。

さらにゲーム感覚を取り入れて、タイムトライアルにするのも効果的です。「3つをやるのに、昨日は3分40秒。今日は新記録達成か!?」なんて言いながら、ストップウォッチをピッとすると、子どもは楽しんでやります。

それでもできないときは、一緒に手帳を見て、1つずつやることを確かめながら、手紙を出してもらうようにしましょう。毎日繰り返すことで少しずつ、一人でできるようになります。

After **Rちゃんは手帳をこう使った!**

「お手紙ボックス」を用意して、デイリースケジュールのやることに「手紙を出す」と書いたフセンを追加

デイリースケジュールを作るときに話をしていると、子どもが帰宅後、机に出しておいたお手紙を私が受け取れていない現状がわかりました。

けれども手紙を出すのは、やはり子どもが帰宅後すぐが、やりやすいとのことで、なくさないように「お手紙ボックス」を用意しました。

子どもは「お手紙を出す」のフセンを見て、お手紙ボックスにお手紙を入れ、私は帰宅後そこから手紙を取って読むことで、確実に手紙を受け取ることができるようになりました。

また、夜の手帳ミーティングのときにそのお手紙を一緒に見ると、会話も増え、持ちものやお知らせなどの確認ができるようになっています。

POINT **まずは、「お手紙を出す」を習慣にしよう**

こんな例も…

小5男子　Sくんの例

Before

学校からのお手紙をほとんど出さず、ときどきランドセルをあけると、ぐちゃぐちゃに丸まったお手紙が大量に出てきます。何度言ってもお手紙を出さないので、いつもギリギリになって必要なものがあると言い出します。忘れて大変な思いをすればちゃんとできるようになるだろうと思っていましたが、忘れても気にする様子がありません。

手帳をこう使った！

「手を洗う・手紙を出す・おやつを食べる」の3点に絞ったデイリースケジュールを作成

After

日常での自分の身の回りのことや宿題など、一応一通りできているので、とにかく手紙を出すことに焦点を当てることにしました。

具体的には、いつも帰宅後すぐにおやつを食べ、遊びに行っていたので、手紙を出したらおやつを食べられることにしました。

今まで、口頭で「手紙をちゃんと出してからおやつにしよう！」と何度言っても出せるようにはなりませんでした。

ですが、一緒に相談して、フセンにやることを3つ書いて、「これだけ確実にやろうね！」と話しながらデイリースケジュールにペタペタとフセンを貼っただけで、できるようになりました。

「手紙を出しなさい」と言っていたときは、なんとなく面倒で「ヤダヤダ」と反発していましたが、手帳に書いてみると、「やることって、手を洗って、手紙を出すだけじゃん」て気づいて、楽勝だな！」と本人が実感できたため、今では、お互い困ることがすっかり減りました。

10 自分の予定を把握していない

Before 小1女子 Tちゃんの例

お友だちと遊ぶのが大好きで、毎日学校でお友だちと遊ぶ約束をしてきます。歯医者さんに行かなくてはならない日なども、予定を忘れて、遊ぶ約束をしてきてしまいます。

　クラスのお友だちはクラス名簿を見れば電話することができますが、隣のクラスの子とも約束をしてくるので、電話でお断りできず、大変な思いをしたこともあります。


習い事に行く時間なのに、遊びに行って帰ってこない。出かける日なのに、「今日は何かあるの？」と全然覚えていない。

　自分の予定なんだから、覚えていてほしいな、もうちょっと気にしてほしいなと親は思います。

　でも、忘れてしまうのは、大人でもよくあることです。ずいぶん前に決めた約束などは、ずっと覚えていられるとも限りません。たとえ忘れてしまっても、思い出すことができるといいですね。

　小学生ぐらいまでの子どもたちの予定は、親がマネージャーのように管理し、準備して、子どもは言われるままに動いているだけということも多いでしょう。確かに、子ども自身で全部の予定を把握することは無理がありますし、何より小さければ小さいだけ、長期的な予定を管理したり、見通しを立てることは難しいです。

　しかし、自分の予定ですから、親任せではなく少しずつ意識を向けていく必要があります。スケジュール管理は手帳が最も得意な分野です。

困った・できない

- 親がマネージャー代わりになって管理している
- 子どもが自分の予定を気にしていない

↓

ここを活用！

・月間スケジュール
・デイリースケジュール

↓

こう変わる！

- 自分の予定に意識を向けるようになる

↓

子ども自身が予定を把握できるようになる

手帳ミーティングで予定を意識させる

日々のサイクルで手帳を活用し、予定に意識を向けていきましょう。一番大切なのは、手帳ミーティングのときに、明日の予定を月間スケジュールを見ながら確認し、どんな1日を過ごすのか、親子で把握します。

予定は、決まった時点で月間スケジュールに記入しますから、先週決まった予定もあれば、2か月前から決まっていた予定などもあります。前々から決まっていた予定などは忘れがちなので、手帳ミーティングでしっかり確認しましょう。

ここでしっかり予定を把握しておけば、予定を忘れることが減ります。

After Tちゃんは手帳をこう使った！

月間スケジュールにお友だちと約束をしてはダメな日には×印を記入
手帳ミーティングで前日に確認

習い事や歯医者さんの予約など、決まっている予定を一緒に確認しながら、月間スケジュールに

POINT

予定は月間スケジュールに記入。手帳ミーティングでしっかり確認して子どもが予定に意識を向けられるようにしよう

自分の予定は自分でチェック！

書きました。子どもの予定がない日でも、親が送迎できない日や、児童館にはいけない日など、お友だちと約束できない日には「×」印を記入して、子どもでも一目でわかるようにしました。

毎日手帳ミーティングで明日の給食のメニューと一緒に、遊んでいい日かダメな日かを確認しています。

うっかり約束してくることも減り、「火曜日は○○ちゃんは習い事だから遊べない」などお友だちがダメな日に自分で印をつけたりもしています。「今度の木曜日は、みんなで遊べる日だな〜♪」など月間スケジュールを見て先の予定を楽しみにするようにもなりました。

こんな例も…

小5男子　Uくんの例

Before

授業が終わったあと、学校で放課後遊びができ、下校時刻の最後までお友だちと一緒に遊んで帰ってくることが多いです。いっぱい遊んでほしいとは思いますが、サッカー教室の日は、早めに切り上げて帰ってこないと間に合いません。けれども帰ってこないことがたびたびあります。

朝、「今日はサッカーの日だから、早めに帰ってきてよ」と伝えても、なかなか帰ってきません。

手帳をこう使った!

月間スケジュールに予定を記入
デイリースケジュールに習い事のある日のやることリストを作成

After

手帳ミーティングで月間スケジュールを見ながら明日の予定を確認し、デイリースケジュールでやることの計画を立てました。

今までは、帰ってきてからサッカー教室に行くまでの準備にどれくらい時間が必要か、何をすればいいのかを親子で考えたことがありませんでした。

デイリースケジュールを作ることで、それが見えるようになり、本人も帰ってくる時間が遅いことに気がついたようです。

まだうっかり忘れて、慌てて帰ってくることもありますが、以前よりは少なくなりました。

そして、ギリギリまで遊んでから帰ってきても間に合うように、Tシャツやタオル、スパイクなどの準備を前日の夜にやっておくという工夫を自分で考えて実行しています。

11 欲しいものがあると駄々をこねる

Before 年中男子 Vくんの例

スーパーに買い物に行くと、いつも「これ買って!」とお菓子売り場から離れません。買わないと泣き叫び、連れて帰るのも大変なので、つい「1つくらいならいいか……」と毎回買ってしまいます。

駄々をこねられるのも困りますが、騒げば買ってもらえると、子どもが思ってしまうのも困ります。

さらに虫歯にもなってしまいました。

毎日のスーパーでの買い物が憂鬱です。

スーパーのお菓子売り場で、お祭りの屋台の前で、おもちゃ屋さんで、本屋さんで、「これ欲しい!」「あれ食べたい!」「買って買って!!」と駄々をこねて、買うまで騒ぎたてる。

程度の差はあれ、あれ欲しい、これ食べたい、ここに連れて行ってなどと駄々をこねられて困った経験は、どこの親でもあることでしょう。

欲しいものは買ってあげたい気もするけど、全部を買うのは無理だから、それを子どもにもわかってもらいたいと親は考えます。

でも、子どもは子どもで、「欲しいものは欲しい。だから買ってよ!」と思っているので、親子の思いが噛み合わずに駄々っ子になってしまうのでしょう。

駄々っ子にさせずに、「欲しい!」という子どもの気持ちを大切にするために手帳を活用しましょう。

困った・できない

- 目についたもの、興味があるもの全部を欲しがって騒ぐ
- 親はわかってくれないという不満がある

↓

ここを活用！

・夢・願いごとリスト

↓

こう変わる！

- 今の「欲しい」という気持ちを受け止められる
- 手帳にワクワクをためられる

↓

手帳で夢を見て、かなえる経験ができる

夢や願いを手帳にためていく

思いついた夢や願いごとをフセンに書いて、夢・願いごとリスト（12ページ参照）を作ります。

最初は、思っていることをまとめて書きますが、その後は日常で思いついたときに、フセンに欲しいものや行きたいところを書いて貼っていきます。

今までは、「これ欲しい！」「買わないよ!!」という親子のやり取りでしたが、「これ欲しい！」「じゃあ、忘れないように書いておこうね！」と、フセンに書いて、リストに追加していきます。

これにより、その場で買わなくても、子どもの「欲しい」という気持ちを受け止められます。

親は、子どもの思いつきやヒラメキを、ついそのときその瞬間の感情で、「いらない」「買わない」「やれない」と否定してしまいがちです。否定せずにその気持ちを手帳にためることができたら、子どもは気持ちを受け止めてもらえたと感じ、手帳を開くことが楽しみになるでしょう。

そして、書きためたリストをあとから見て、「あのときは欲しかったけど、もういらない！」と子ども自身が思ったら、書いたフセンは捨ててしま

えばいいのです。親にダメって言われたから買わなかったのと、自分がもういいや、と思って買わなかったのでは、同じ「買わない」でも、だいぶニュアンスが違いますよね。

子どもの思いがたっぷり詰まった、この夢・願いごとリストを見ることで、子どもがどんなことに興味を持っているのかがわかり、親子の会話へつながります。

クリスマスや、誕生日のプレゼントを選ぶとき、夏休みの旅行先を考えるとき、お友だちが遊びにくるからおやつを買おうと思ったときなど、このリストの中から選んでかなえることができたら、より楽しくなるでしょう。

After Vくんは手帳をこう使った！

夢・願いごとリストを用意
1週間に1回、買いに行くルールを決める

手帳を用意して、息子の好きなキャラクターの便せんをはさみ、夢・願いごとリストにしました。

「毎日おやつを買っていたら虫歯になっちゃった。おやつは1週間に1回だけ、買うことにしよう」と話し合って決めました。

曜日の感覚などはまだあまりないので、週に一度の習い事の帰りに1つだけ買うことにしました。

それ以外の日は、「習い事の日に買うおやつの下見」ということにして、息子が「これがいい！」と言ったものをその場でフセンに書いて、家に帰ったら、手帳の中に貼ることにしました。

最初は、フセンに書いても、「今日も買う！」と騒いでいましたが、「ちゃんとお話しして決めたルールだよね」と根気よく説得しました。

欲しいものがたくさんたまってくると、「今日はどれがいいかな？」と手帳を見ながら悩むのが楽しくなってきたようで、毎日「今度のおやつ買う日は、どれにしよう？」とリストを眺めながら

心待ちにするようになりました。

今まで「欲しい！」「ダメ！」「買って————！（叫ぶ）」の繰り返しで、反射的に全部「ダメ」と言ってしまうことに、私自身も罪悪感を感じていました。

今は「欲しい！」「書いておこう」「そうだね」となってきたので、私は否定しないで済み、子どもも駄々をこねなくなって、スーパーに連れていくのがつらくなくなりました。

POINT

欲しい、行きたいなどの子どもの気持ちは否定せず、書きためることで気持ちを受け止めよう

こんな例も…

小5女子　Wちゃんの例

Before

「あー、これかわいい！　買って」「ここ行きたい！」「これ食べてみたい！」と何にでも興味を持つ娘。全部に付き合うことはできないので、「今度ね」とあいまいに返事をしてしまいます。

　すると娘は「そんなこと言って、いつも結局買ってくれない（連れて行ってくれない）じゃん！」と怒るようになりました。

手帳をこう使った！

夢・願いごとリストにフセンを貼って希望をためて、ときどきそれを見ながら会話

After

夢・願いごとリストを用意し、「お母さんは言われたことをすぐに忘れちゃうから、行きたい場所とか、欲しいものはここに書いて忘れないようにしよう」と話をしました。

　はじめは、今思いつくものをいろいろと書き出してみることに。書いている様子を見ていると、「こんなこと考えていたんだ」と娘の知らない一面を見たような気がしました。

　家族でのお出かけでは、思いつきで出かけるよりも、「フセンに書いた前から行きたいと思っていたところ」に出かけたときのほうが、娘の満足度が高いように感じます。

　娘はリストを見て、「これはもういいかな？」と書いたフセンを捨てたり、「やっぱりここにはどうしても行きたいから連れてって！」とお願いされることもあります。

　言葉だけで会話していたときはケンカも多かったですが、私も娘に対してあいまいに返事をしていたな、と反省しました。

12 夏休みが終わる直前にあたふた

Before 小2男児　Xくんの例

去年の夏休み、毎日「宿題やったの？　大丈夫？」と確認すると、「大丈夫！　やったよ」と言うので、その言葉を信じていました。

机に向かっている様子もあったので、安心していたのですが、夏休みが終わる間際に、自由研究と毎日の一言日記が手つかずだったことが発覚。泣きながら、40日分の日記を最終日に書いていました。

今年の夏休みは、きちんと計画を立てて最終日に慌てることなく過ごしたいです。

夏休み中に声をかけたり、アドバイスしたりしていても、宿題が全然終わっていなかった、ということがよくあります。

親は、これまでの経験から、2学期がはじまる間際に大変な思いをするのが予想できるので、先回りして「宿題を先にやりなさい！」とガミガミ言いたくなります。

子ども自身もたいていの場合、宿題をやらなくちゃ、とは思っています。でも、約40日間という長い休みですから「何とかなるだろう」と楽観的に考えている場合がほとんどです。しかも、親から毎日「宿題、宿題」と言われていたら、嫌な気持ちになり、やる気を失うこともあります。

親子共に、夏休みの全体像を把握し、宿題をしっかりやって、しっかり遊ぶ、メリハリある夏休みを過ごせるよう、手帳を活用しましょう。

困った・できない

- 宿題ができる時間がどれぐらいあるのか把握していない
- 宿題の全体像がわかっていない

↓

ここを活用！

・週間スケジュール

↓

こう変わる！

- 夏休み全体を見通して、計画ができる
- 予定をしっかり把握し、宿題も計画通り実行できる

↓

楽しい夏休みが過ごせる

夏休みの計画の立て方

夏休みは、「週間スケジュール」を使うと上手に過ごせるようになります（9ページ参照）。できれば休みに入る前に、親子で一緒にすでに決まっている旅行や習い事の予定、宿題の全体像を話しておきましょう。

①週間スケジュールへ予定を記入

いつ、どのぐらい宿題をやる時間があるのかを把握するために、最初に、**「宿題をやれない時間＝予定がある時間」を把握します。**

旅行に行く日、学校の水泳指導の時間、習い事の時間など、決まっている予定を直接シートに記入していきます。まずは動かせない予定を明らかにしなくては、ほかの予定が立てられません。

そのほか、お風呂に入る、ご飯を食べるなど、日常生活でやることの時間も確保します。これらは、何時から何時と明確に決まっているものではなく、事前に決めておくのは実際には難しいでしょう。しかし、ここでは、きっちりと時間を決

めるのが目的ではなく、1日の中で、どの時間帯がどれくらい埋まっているのか、つまりどれくらい宿題ができない時間があるのかがわかればOKです。

ここで、忘れてはいけないのは、「見たいテレビの時間」。子どもにとってはテレビも大事な予定ですので、決まって見ているテレビ番組があれば、シートに書き込んで、時間を確保しておきましょう。ここは予定があります、宿題はやれません、とわかるように、時間帯を四角で囲むといいでしょう。

この予定の記入は、色分けなどすると子どもが見てわかりやすいです。

旅行など家族での予定は青、習い事の予定は赤、ご飯・お風呂などは黄色といった具合です。

②宿題、やることをフセンに記入

次に夏休みの宿題がどのくらいあるのか、子どもに聞いたり、学校からのプリントを見たりしながら確認します。宿題の全貌がわかったら宿題を書き出します。

使用するフセンは、「ポストイットスリム見出しミニ」がおすすめです。小さくて粘着力が強いため、貼り換えているうちになくなってしまった、ということを防ぎやすいからです。

まずは、宿題の内容をフセンに記入します。

ポイントは、細分化。計画を立てやすいように細かく分けて書きましょう。

〈例〉

×「算数ドリル」「国語ドリル」「絵日記2枚」

○「算数ドリルP1」「算数ドリルP2」……

「国語ドリルP1」「国語ドリルP2」……

「絵日記1・絵を描く」「絵日記1・文章を書く」

「絵日記2・絵を描く」……

宿題の中でも、「自由研究」「読書感想文」は大物ですね。何から手をつけていいかわからずに、あと回しにしてしまう子どもも多いです。

どのような手順で進めればいいのかを細かい作業に分けて記入します。

〈例〉 読書感想文の場合

・図書館に本を借りに行く
・本を読む
・下書きをする
・清書をする

やることを書き出しただけでも、4つに分けることができます。

さらに、本を読むのに、3日かけるのであれば、「本を読む1」「本を読む2」「本を読む3」と分けてフセンを作ります。

小学校に入学して、はじめて大きな宿題に取りかかる子どもにとっては、やることを分けて考えるのは難しいかもしれません。

大人が質問しながら子どもにその宿題が完成するまでの流れをイメージさせてください。

たとえば、「読書感想文を書くためには、何からはじめる?」「本を読み終わったら、次は何をやる?」という感じです。

細分化の目安として、**1つのフセンに書かれていることは最大でも30分程度で終わる量がおすすめです。**子どもが集中できる時間は、年齢や個人差がありますので、15分ぐらいに分けたほうがいい子もいます。その子が集中できる量にすると計画倒れになりにくくなります。分けて書いたものを複数まとめてやることもできます。

小学校高学年になってくると宿題の量も増えてきます。また、塾の宿題などもあり、ドリルなどを1ページずつフセンに書いていると途方に暮れるほどの量になってしまうかもしれません。

そのときは、先に1日にやる量を決めてフセンに書き出す方法もあります。

①で予定が入っている時間の記入が終わった時点で、宿題がやれる日が何日あるのかを数えます(夏休み40日間－旅行などで宿題ができない日15日間＝宿題をやれる日25日間)。

やるべきドリルのページ数をやれる日数で割ると、1日に何ページやらなければならないかがわかります(ドリル250ページ÷宿題をやれる日25日＝10ページ／1日)。

これをフセンに記入していきます。

「ドリル1～10ページ」「ドリル11～20ページ」という感じです。

この宿題を書き出す作業は結構手間がかかります。全部の宿題に目を通し、1回でやれる量を考えて、何枚もフセンに書くのは確かに大変です。

しかし、これがとても重要な作業なのです。これをするだけで、子ども自身が宿題すべてに一度目を通すことになりますので、全く目に触れずに夏休み最終日にはじめて見る……という最悪の状況にはならずに済みます。

小さなフセンに字を書くのは大変ですから、書くのは親が手伝い、子ども自身が宿題を手に取って1つひとつ確認するなど、親子で協力しながら、書き出してください。

書き出したフセンを見て、子どもは「こんなにできない！」と思うかもしれません。でも、書き出しても、書き出さなくても、やる宿題の量は変わりません。見なかったことにして、夏休み後半に慌てないように、あらかじめ書き出して、しっかり計画を立てましょう。

③計画を立てる

予定と宿題を書いたら、いよいよ計画します。

計画を立てるときにぜひやってもらいたいのが、**「ラッキータイムを設定すること」です**。これは、計画倒れにならないための重要なポイントです。

「ラッキータイム」とは、「予定はないけど、宿題もやらなくていい時間」のことです。

宿題はやらなくていいからラッキータイム。でも、予定通り宿題が進まなかったときは、ここでやれば大丈夫、という意味で「ラッキータイム」と呼びます。

週間スケジュールの予定のないところに全部宿題をやる計画を立てたらどうなるでしょうか？

計画通りにできなきなかった日が1日でもあると、それ以降にどんどんやるべき宿題が繰り越されて、大変なことになります。急に友だちと遊ぶ約束ができたり、ちょっと体調が悪くて宿題ができない日もあるでしょう。

そんなときのことを考えて、あらかじめラッキータイム＝調整日を設定しておきます。

ラッキータイムは1週間に一度、10日に一度など、定期的に設定します。

あまり多く設定すると、宿題をやれる日が少なくなるので1日にやる宿題の量が多くなります。逆に少なすぎると、予定通りできなかったとき、調整できません。宿題の量や、やれる日を確認して、適度なラッキータイムを設定してください。

ラッキータイムは、ほかの動かせない予定と同じように、「ここはラッキータイムだから宿題のフセンは貼れません」と明確にわかるよう、時間帯を四角で囲んで週間スケジュールに直接書き込みます。

ラッキータイムの設定ができたら、①で予定を記入した週間スケジュールの空いている時間に②で記入した、宿題が書いてあるフセンを貼って計画を立てます。

③で囲ったラッキータイムには貼らないようにしてください。

空いている時間がどれくらいあるのか、確認しながら、詰め込みすぎないように注意してフセンを貼っていきます。

子ども自身がどのタイミングで何をやるかを自分で考えて、フセンを貼るようにしてください。子どもは、親から見るとむちゃくちゃな計画を立てることもありますが、自分で計画を立てて実行するという経験が大切なのです。

一度計画を立てて、うまくいかなかったら、再度立て直すこともできますので、子どもを信じてやらせてみてください。

手帳をもとに過ごしてみる

夏休みは手帳が大活躍します。

完成したスケジュールを見ながら、確認→計画→実行→振り返りをして活用していきます。

夏休みで学校の準備などがなくても、手帳ミーティングは親子で毎日行なってください。

学校のある日と違って、毎日、予定ややることが違うのが夏休みですから、手帳ミーティングがとくに大切です。

明日はどんな予定があって、宿題は何をやる予定だったかな、などをしっかり確認しましょう。

夏休みは生活が不規則になりがちですから、朝にもう一度手帳を開いて今日1日の予定を確認できるといいですね。

そして、日中は立てた計画通り、週間スケジュールを見ながら順番にやります。学校のプールに行ったり、宿題をしたり、1つずつ計画を実行していきます。

そうすることで、予定もしっかり把握し、宿題も確実にやることができます。

CHAPTER 4　お悩み別 手帳活用術

週間スケジュールにやることをまとめる

7月	22 (木)	23 (金)	24 (土)	25 (日)
午前 6:00	ラジオたいそう		あさがおかんさつ②	
7:00	朝ごはん	朝ごはん	朝ごはん	朝ごはん
8:00				
9:00		サマースクール 9:30～11:00		
10:00				
11:00				
午後12:00	すいえい教室	昼ごはん	昼ごはん	昼ごはん
1:00	昼ごはん	こくごドリル6		
2:00	こくごドリル5			ラッキータイム
3:00	けいさんドリル8			
4:00		ピアノ教室 4:00～5:00		
5:00				えにっき3まいめ
6:00	夜ごはん	夜ごはん	夜ごはん	夜ごはん
7:00				
8:00	おふろ	おふろ	おふろ	おふろ
9:00				

できたこと

こくごドリル4

やり終えた宿題のフセンは捨ててしまってもOK

サマースクールの持ちもの

えんぴつ5本
あかえんぴつ
けしごむ
ノート
ハンカチ
ティッシュ

日常生活でやることも書いて時間を確保します

ラッキータイムをシートに書き込み調整日とします

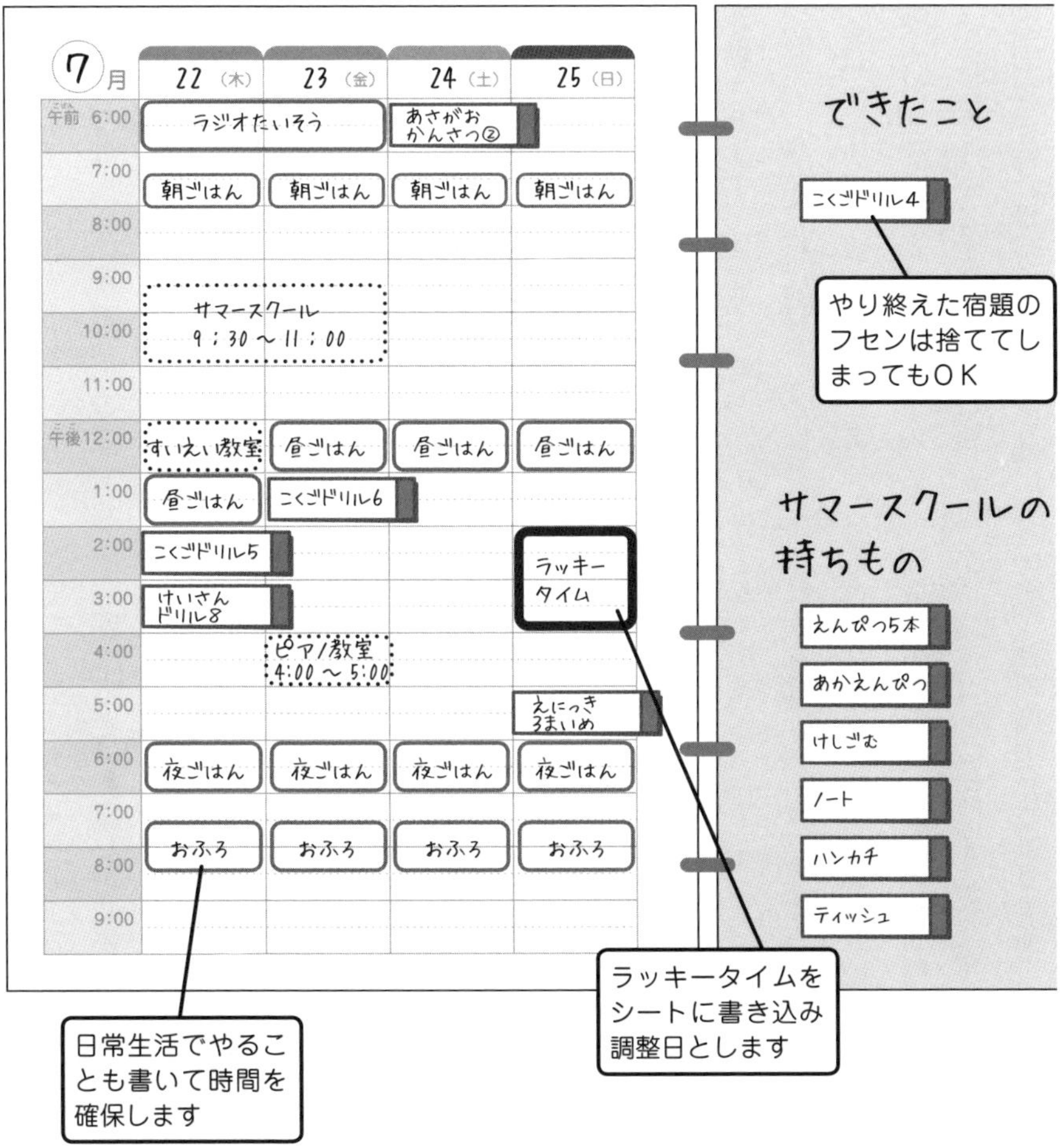

親の一番の心配事、宿題も、手帳を見れば、どれくらい終わっていて、どれくらい残っているのかがわかります。今までは毎日、「ちゃんとやってる？　大丈夫なの？」と何度も何度も確認していたのが、必要なくなります。

毎日手帳ミーティングのときに手帳を見ながら確認したり、どうしても気になるときは、「手帳を見せてね」と子どもに許可をもらって、手帳を見ながら進捗を確かめることができます。

夜の手帳ミーティングでは、今日の振り返りも忘れずに行なってください。

予定通りにできなかった宿題があれば、次のラッキータイムへ移動させます。

やり残した宿題が多い、急に旅行に行くことになって宿題をやれる日が減ってしまったなど、あまりにも最初に立てた計画通りに進まない、このままでは終わらないだろうな、と予測される状態になってしまったら、できるだけ早く計画のやり直しをすることを提案してあげてください。10日に一度ぐらいは見直しが必要かもしれません。

「こんな面倒くさい計画を立てる時間があるなら、1つでも宿題をやったほうが早いんじゃない？」と思う方もいらっしゃるでしょう。

一見遠回りに見えても、1日かけても、2日かかったとしても、この計画を立てるのと立てないのとでは、その後の40日間の夏休みの過ごし方が大きく違ってきます。

宿題全部に一度目を通しているため、子ども自身、終えるまでの道筋のイメージが湧きやすくなるからです。

計画を立てる前は、夏休みは長いから、いつでも宿題なんてできると思っていたけれど、予定を記入してみたら、意外とやる時間がないことに気がついた、というほうが、親が「宿題やりなさい！」と何度も言うよりも何十倍も効果があります。

そして、計画を立てて、実際宿題をやり遂げることができたら、計画を立てる大切さを体感し、自分でできたという経験値も増えます。

小学生の間、夏休みの計画を立てるだけでも、6回のチャンスがあります。計画して過ごすことの便利さを体感することは、将来、自己管理ができる大人への第一歩です。

After Xくんは手帳をこう使った！

宿題を細かく全部書き出して週間スケジュールを作成
夏休み初日に自由研究のテーマを考えて、どうやって実行するかを計画

宿題を細かくフセンに書き出し、いつやるかを割り振ることで、計画的に宿題を進められました。

毎日、「宿題やったの？」と言わなくても、自分で手帳を見ながらやっていました。

去年全く手をつけてなかった「一言日記」は1日1枚40日分を全部フセンに書いて、毎日貼りました。

その日に日記を書けなかったときは、次の日にフセンを移動させることで、翌日2日分書いたり、ときには3日分書くことで、最終日までためることはありませんでした。

自由研究は、何をやるかを決めないと進められないので、夏休みの初日に父親と一緒に何をやるか考えました。ペットボトルで貯金箱を作ることに決め、父親が休みで手伝える日に集中してやる計画を立てたので、無事に早めに完成することができました。

去年の夏休みは、とにかく宿題が心配で、ゲームをやっていたら、「そんなことより、宿題やっ

たら？」と毎日、「宿題、宿題」と言っていました。

子ども自身もそうですが、親も宿題の全体像がわからないまま、ただただ「宿題をやりなさい」と言っていたことに気がつきました。

すべてをフセンに書き出して計画を立てた今年の夏休みは、親子共に宿題の内容を把握しているので、ゲームをやっていても「今日やる予定の宿題は全部終わってるよ！」と言われたら、「それなら、ゲームをやってもいいかな？」と思えるようになりました。

宿題が終わると、フセンをどんどんはがして捨てるのですが、本人は「早く全部終わらせて、思いっきり遊びたい！」とやる気になり、結局予定よりも早く宿題を終わらせていました。

正直、すべての宿題を書き出す作業は大変でした。しかし、毎日仕事に行っているので、心配して口うるさく言っていた去年とは違い、進捗状況も目に見えるので、安心できました。

また、計画を立てることでしっかり子どもと向き合ったので、毎日そばで見てあげられない罪悪感もなくなり、計画を立ててよかったと思います。

POINT

宿題を書き出すことと、ラッキータイム設定で、無理のない計画を立てよう

CHAPTER 5

こんなときどうする？
手帳のお悩みQ＆A

手帳を用意して、はじめてはみたけど、
思うように子どもが使ってくれない……
どうもうまくいかない……
これでいいのかな……
そんな、活用の際のよくある悩みにお答えします

1 手帳に書いてあるのに忘れちゃう

Q デイリースケジュールを用意して、学校から帰ってきてからやることを全部書きました。予定は月間スケジュールにも書いてあります。

でも、それを忘れてお友だちと約束してきたり、やることをやらずにゲームをしていたりするので、困っています。（小1男子）

A せっかく手帳に書いてあるのだから、それを忘れずに、できるようになってほしいですよね。準備はできていますから、あとは、「手帳を見る」ことができれば、やることを思い出せます。

一番大切なのは、必ず前日、手帳ミーティングをすることです。

5分でかまいません。親子で一緒に手帳を見て、明日の予定とやることの確認作業をぜひ習慣にしてください。これだけでも「うっかり予定を忘れてた！」ということはぐっと減りますよ。

そして、それでもやるのを忘れているなと思ったら、「手帳を開いてみてね」と優しく声かけをして手帳を開くように促しましょう。

そのために、「手帳はすぐに開ける場所に置く」ことも大切です。定位置を決め、子どもが「次は何をやるんだったかな？」と思ったら、すぐに手帳を開けるようにします。リビングにいるときはテーブル、自分の部屋なら机の上、というように数か所所定位置を用意してもいいです。

POINT

手帳はすぐに確認できる場所に置き、手帳ミーティングで予定確認しよう！

2 子どもが手帳を開こうとしない

Q こども手帳を作りました。子どもの好きそうなものもたくさんはさみましたが、それでも、全然手帳を開こうとしません。どうしたらいいでしょうか。（小4女子）

A 一生懸命作った手帳に、子どもが興味を示さなかったら、残念ですよね。でも、その手帳、本当に子どもが好んで作ったものだったでしょうか。

親としては、子どものために、少しでも自分で気づけるように、怒らないように……と思いを込めて作った手帳だとしても、子ども自身が手帳の必要性を感じていなければ、興味は持てません。

「せっかく作ったんだから、使ってよ！」という思いもわかりますが、ここはもう一度、イチからやり直しがおすすめです。

手帳の中身は一度全部外して、ステップ1（38ページ参照）の子どもの好きなものをはさむところからはじめます。

「今も、子どもの好きなものは十分入っている」と思うかもしれません。しかし、子どもが興味を示していないのであれば、何かを変えなくてはなりません。

全部を外して新たに入れ直すだけでも、子どもにとっては十分なリニューアルになり、気分も変わります。手軽にできるので、まずは一度試してみてください。

POINT
親の作った手帳、親のやってほしいことを押しつけては子どもは楽しくない！

3 予定を記入し忘れてしまう

Q 子どもは手帳を喜んで使っています。予定を確認したり、好きなものをはさんで毎日何度も開いて見ています。

でも、私がうっかり次の月の月間スケジュールを用意し忘れたり、予定を記入するのを忘れたりして、子どもに「早くやって！」と怒られてしまいます。子どもは興味を持っているのに、私のせいで続かなくて困っています。（小3男子）

A 子どもが興味を持っているなら、このまま楽しく活用していってほしいですよね。

でも、子どもの手帳とはいえ、まだまだ親のサポートがなくては継続が難しいものです。ぜひ手伝ってあげてください。

忙しくて書く暇がない、つい書き忘れてしまうということであれば、すでにある予定表を活用しましょう。

保育園や小学校では、月間予定表が配られていませんか？　それに穴をあけて、手帳にはさんでしまいましょう。こうすれば、ゼロから予定を書かずに済むため、ずいぶんと時間が短縮できます。

そこに習い事や家族の予定を書き込めば、さまざまなスケジュールを1つにまとめられます。

「ゼロからきちんと書かなくては！」と思ってあと回しにしたり、忘れてしまうなら、あるものを活用して継続していきたいですね。

POINT

無理せず続けられるよう、すでにある予定表を活用しよう！

4 どうしても声をかけたくなる

Q やることは全部手帳に書いてあるので、あとは本人のやる気を待つだけ……とは思うのですが、全然やろうとしない姿を見ると、声をかけたくなります。そんなときは何と声をかけたらいいのでしょうか。（小3女子）

A ガミガミ言わないために手帳を作って、活用していこうと思ったのに、全然自主的にやろうとしない子どもに、またイライラしてしまうこと、ありますよね。でも、せっかく手帳を作ったのですから、口うるさく言うのではなく、やることは、手帳に指示してもらいましょう。そのために、親がかけるのは、あの合言葉です！

笑顔で「手帳を見てね！」ですよ。

本当は、自分で手帳を開いてやることをやってくれるのが理想ですが、自分から開くことがまだ習慣化されていない段階では、「手帳を開くこと」を優しく促してあげましょう。

そして、子どもは手帳を開いてやることを思い出して、やれたら、それは、「自分でやれた」という小さな成功体験となります。

実際は、親が手帳を開くことを促しているので、「自分でやれたふう」ですが、「ふう」でもガミガミ言うよりもずっといいですよね。

最初から全部自主的にやるのは難しいので、少しずつ一人でできるようにしていきましょう。

POINT

こども手帳術の合言葉は、笑顔で「手帳を見てね！」

5 すごい量のフセンになっちゃった

Q やることを「見える化」するということで、全部を細かく書き出しました。すると、やることが多すぎて、デイリースケジュールに貼り切れないんです。しかも、子どもはびっしりとやることが貼られているシートを見ると嫌になってしまうようで全然手帳を見なくて困っています。（小2男子）

A やることを全部書き出して「見える化」、いいですね。毎日多くのことをやっていることがわかったと思います。そのために、この全部を書き出す作業は大切でした。

でも、一生懸命書き出したやることは、全部をデイリースケジュールに貼らなくても問題ありません。

やることがびっしり貼られているデイリースケジュールは、「こんなにやることいっぱいなの!?」という印象を与え、見たくなくなってしまいます。

1枚のデイリースケジュールに貼るフセンの数は、年齢を問わず10枚程度がおすすめです。

そのためにデイリースケジュールは1枚で「朝起きてから寝るまで」にするのではなく、何枚かに分けます。「朝のしたくシート」「持ちもの準備シート」など、シーン別に細かく分けてシートを増やし、1枚のシートに貼るフセンの量を減らしてみましょう。

30枚のフセンをA5サイズの紙1枚に全部貼るのと、3枚の紙に分けて10枚ずつ貼るのでは、見た目の印象が全く違います。

それでも、今度はシートの数が多すぎて、「こ

デイリースケジュールの分け方

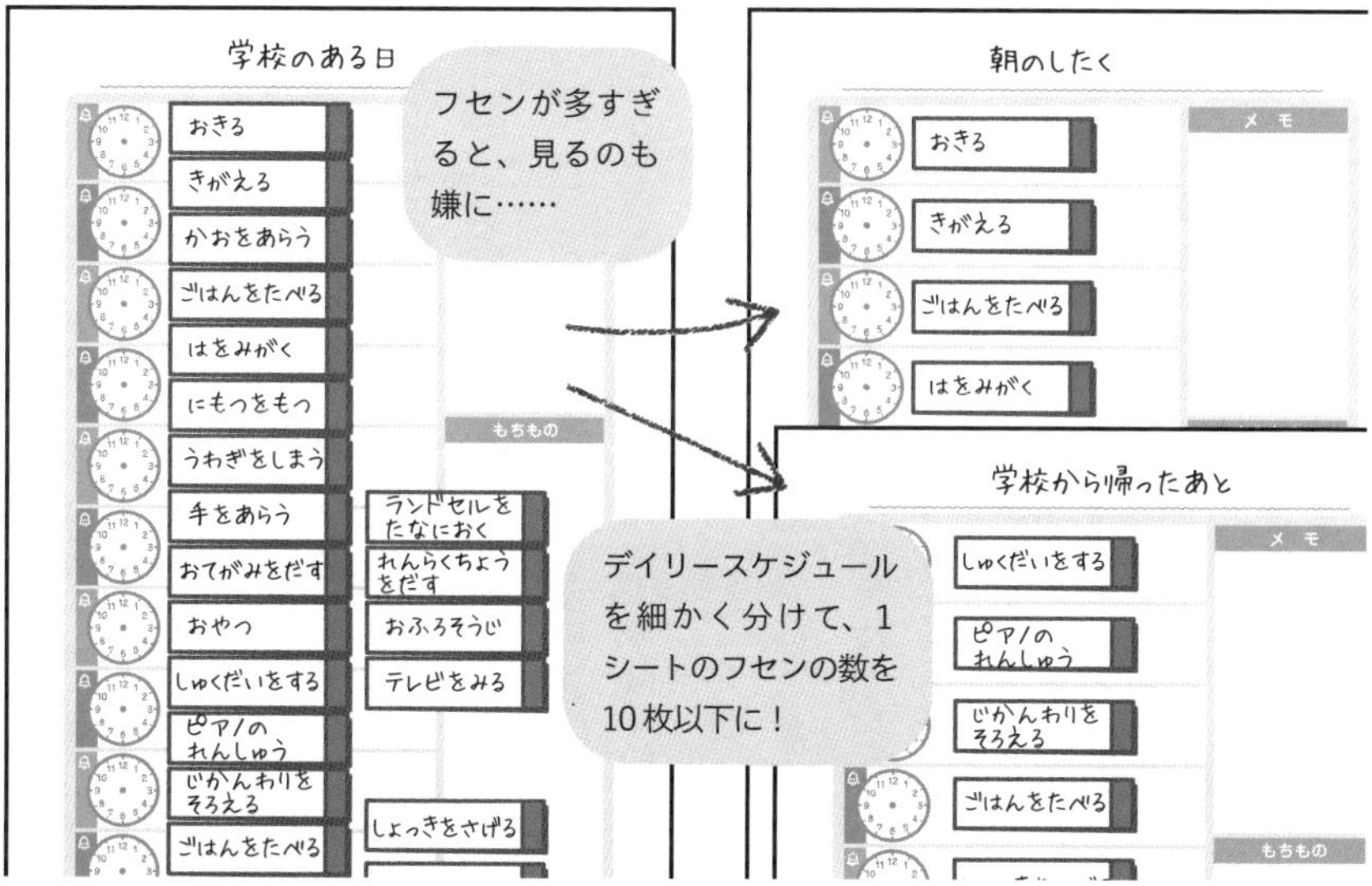
学校のある日
おきる
きがえる
かおをあらう
ごはんをたべる
はをみがく
にもつをもつ
うわぎをしまう
手をあらう
おてがみをだす
おやつ
しゅくだいをする
ピアノの れんしゅう
じかんわりを そろえる
ごはんをたべる
もちもの
ランドセルを たなにおく
れんらくちょうを だす
おふろそうじ
テレビをみる
しょっきをさげる
フセンが多すぎると、見るのも嫌に……
朝のしたく
メモ
おきる
きがえる
ごはんをたべる
はをみがく
学校から帰ったあと
メモ
しゅくだいをする
ピアノの れんしゅう
じかんわりを そろえる
ごはんをたべる
もちもの
デイリースケジュールを細かく分けて、1シートのフセンの数を10枚以下に！

んなにたくさんのことをやるのは嫌だな……」と思うようなら、1シーンだけを残して、あとは全部外してしまいましょう。1つに絞って、そこはしっかりやろうね、という形にしてください。

あせらず一歩ずつです。

そして、「やる気になる量」は単純に数の問題だけではなく、質も大切です。

1枚の紙の中には、すでにできていること7割、頑張ってやること3割程度になるように貼る量を調整しましょう。1つできることが増えればまた新しく頑張ることを増やす、という形で少しずつステップアップしてください。

POINT

デイリースケジュールを複数枚用意し、見た目すっきりにしよう！

6 書き込むほどの予定がない

Q 手帳を使って時間管理することを身につけさせたいのですが、習い事もしておらず、手帳に書き込むほどの予定がありません。まだやるには早いでしょうか。（幼稚園年中男子）

A こども手帳術は、年齢やその子の興味に合わせてはじめられますので、はじめるのに「早い」ということはありません。逆に「遅い」ということもありませんので、興味を持ったらいつでもはじめてください。

　まずは、手帳というアイテムに慣れること、興味を持ち、好きになるところからスタートです。詳しくは、CHAPTER 2を参考にしてください。

　自己管理する力は、すぐに身につくものではありません。予定がたくさんあり、やることも多くなってから手帳を使って何とかしようと思っても、すぐにできるとは限りません。必ず将来必要になる日はきますから、今から準備しておきましょう。

　そして、多くの方は「手帳＝予定（スケジュール）を管理するもの」とイメージされます。そのため、「予定がない＝手帳は必要ない」と思われがちです。しかし、手帳は予定管理だけでなく、時間管理もできるのです。

　「予定（スケジュール）管理＝時間管理」と思っている方も多いですが、予定管理と、時間管理は違います。子どもにとっては、予定管理より、時間管理のほうが子どもにとって必要なのです。

　予定管理の「予定」とは、人との約束や、自分ではずらすことのできない、決まっていることです。子どもの予定だと、学校での行事や下校時刻、習い事や、歯医者、お友だちとの約束などが予定になり、これを管理するのが予定管理です。

時間管理とは、「時間の使い方を管理する」と言い換えられます。つまり、「いつ、どんなタイミングで、何をやるか」を管理することなのです。

ご飯を食べる、歯を磨く、着替えをする、宿題をやる、ゲームをする、お風呂を洗うなどのやることを管理するのが時間管理です。

子どもは、予定はあまり多くないかもしれませんが、やることは毎日いろいろあります。この「やることを」をいつ、どんな順番でやるかを考えて実行できるのが、「こども手帳術」です。

とくに、10歳ぐらいまでは生活習慣を身につける年頃です。

朝起きてから家を出るまでにやること、帰ってきてから寝るまでにやること、お手伝いなどの生活習慣を身につけるのと一緒に、「手帳を見てやる」ということを経験し、毎日繰り返すことで、結果的に時間管理を身につけることができます。

未就学児であれば、最初は多くのことをやろうとせず、朝起きる、トイレに行く、手を洗う……などの基本的な習慣を身につけるためだけに手帳を使ってみてください。

生活習慣を身につけることも、親がいちいち口で伝えてやらせるよりも、書いてあるのを見てやるほうがわかりやすいので、子どもが覚えるのも早くなります。

それを繰り返すことで、結果的に時間管理、自己管理が身についていくのです。

POINT
手帳を使って生活習慣を少しずつ覚えていき、時間管理を身につけていこう

7 親が言わないと動き出さない

Q 歯を磨くのも、宿題をやるのも、学校のしたくも、何でも親である私が言わないと動き出しません。手帳を作っても、言わないと使わないのではないかと思います。どう手帳を使うように言えばいいのかわかりません。（小1女子）

A 言わないとやらない理由は、いろいろあると思いますが、何をやったらいいのかわからないからやらない場合は、やることがわかれば動けるようになります。

手帳をはじめる、作る段階で、「これがあると自分でやることがわかるようになるよ」など、手帳が便利なアイテムであることを子どもに伝えてください。

そして、これまでの日常で、「あれやりなさい」「これはやったの？」と、やることをいちいち指示していたのをやめます。かける言葉は、合言葉「手帳を見てね！」だけです。

やることすべてを指示していると、子ども自身は何をやるのか考えることをしませんので、いつまでたっても、自分でできるようになりません。手帳を開いて自分で見る、をするだけで、言われたことをそのままやるのではなく、考えるという行動が入りますので、少しずつ覚えて、できるようになっていきます。

さらに、毎日の手帳ミーティングも大切です。明日の自分の予定、やることを確認、計画しておくと、やることを事前に把握しているので、1日が過ごしやすくなります。

しかし、「明日は習い事があるから、早く帰ってきてね。そして宿題をやってから行こうね！」と子どものやることを全部親が計画して、「こうしなさい」と伝えては、効果はありません。

子ども自身が自分で考えて、自分は何をやるのか、どんな順番でやろうかな、と計画をするから1日が過ごしやすくなるのです。

親は、「手帳を見て明日の予定を確認しよう」と手帳ミーティングに誘ってください。あとは、聞き役、サポーターとなって、子どもが計画を立てるのを見守ってあげてくださいね。

手帳を開くのを嫌がったり、計画を立てるのを面倒くさがったりしたときには、無理にやらせる必要はありません。

気が向かなければ、やらなくてもいいのです。

その代わり、もし手帳を使わなかったことで、忘れものをしたり、約束を守れなかったりと何かうまくいかなかったときには、手帳の出番です。

「忘れちゃったから、次は忘れないように手帳に書いておこう」「手帳に書いてあるから、それを見てやってみよう」「今度は手帳で計画を立ててやってみよう」というように、手帳を使うことを提案します。

そうすることで、子どもの中でも「手帳が必要なのかな？」「手帳があればできるのかな？」「手帳って便利なのかも」というふうに、手帳に対する意識が変わり、改めて興味を持つ可能性が高くなります。

失敗を恐れず、機会を見つけながら手帳を使っていきましょう。

POINT

夜は、「手帳ミーティングで明日の予定を確認しよう」と声がけ。日中は、「手帳を開いて見てね」と声をかけて、あとは見守りましょう！

8 子どもと向き合う時間が取れない

Q フルタイムで仕事をしているので、毎日子どもと向き合う時間を取るのが難しいです。休日も習い事やたまった家事に追われていて、いつも子どもとの時間が少ないことを申し訳なく思っています。（小2男子）

A 毎日お仕事、家事、子育て、多くのことをやっていて「24時間じゃ足りないわ！」という親は多いですよね。

そして、時間に追われているので、子どもと向き合う時間、触れ合う時間が少なくて、罪悪感を抱いている方も少なくありません。

毎日忙しく、時間が取れないからこそ、こども手帳術をはじめてもらいたいです！

一緒にいる時間に、「あれやったの？」「早くこれやって！」と指示してしまっては、貴重な親子の時間がもったいないですよね。

親がいない時間でも、やることは自分でやれる、一緒にいる時間はできたことをほめたり、会話をする時間にできるよう、手帳を活用しましょう。

そのために、最初の手帳を作る時間をしっかり取ってください。手帳というと1月や4月というイメージがあるかもしれませんが、夏休みなどの長いお休みを利用して作るのがおすすめです。

まとまった時間を作ることが難しければ、週末に少しの時間を確保して、何週にも分けて作ってもかまいません。手帳を作ること自体が親子のコミュニケーションの時間になるので、楽しい時間を過ごしてください。

手帳を使う時間も親子の触れ合いに

改めて「子どもと向き合う時間を作ろう」と思っても何をすればいいのかわかりませんが、「手帳を作る」という目的があれば、自然と会話が生まれ、じっくりと向き合えます。

そして、直接触れ合う時間が少なくても、一緒に楽しく作った手帳を見る時間が、親の思いが伝わる時間になるのではないでしょうか。

毎日忙しくて、ちゃんと手帳ミーティングなんてできないだろうな、やること確認できるかな、予定をちゃんと書かないとダメなんだよね……と完璧にやろうと思う必要はありません。

まずは、「手帳を作ることで子どもと向き合ってみようかな～」という気楽な気持ちで作ってみてください。その時間を子どもと共有するだけでも、立派なこども手帳術です。

POINT

手帳を作る時間を楽しみ、その手帳を見る時間も親子の触れ合いの時間へ！

9 気分によって使わないことも……

Q 気分が乗っているときは、手帳ミーティングでしっかり予定を確認したり、持ちものを準備したりと張り切ってやっています。でも、気が乗らないときは、何度声かけをしても「わかってる。今やる」と言いつつ、全く開こうともしません。（小4女子）

A 日常の中で、毎日手帳を活用できたらいいですよね。でも、大人だって、気分によってやりたくないこともあります。

ましてや子どもですから、気持ちの浮き沈みは大人以上に大きいでしょう。

気持ちが乗っていないときに、無理に「手帳、手帳」と呪文のように言ったら、ますます開きたくなくなるかもしれません。

手帳を見ない日があっても、「まぁ、いいか」という気楽な気持ちで続けてください。

手帳を見なくても困っていることがなければ無理に見なくても問題ありません。

手帳を見なかったから忘れものをしちゃった、やることを忘れちゃったなど、困ったことがあれば、またそのときに「じゃあ、やっぱり手帳を見てみたら？」と開くことを促しましょう。

親の思う通りに使うこと、本書の説明どおりに使うことは目的ではありません。必要なときに必要なだけを使えればいいのです。

POINT

短期的なやる気は気にしなくて大丈夫！
長い目で見て、楽しく続けましょう！

監修者より

この本の主役は、手帳です。

手帳なんて昔からあるじゃない、自分の予定をメモするだけでしょ、と思ったら大間違い。「こども手帳術」をちゃんとマスターすれば、予定どころか時間を管理し、やることを整理し、あらゆる情報をぜんぶ手元にまとめてくれる万能アイテムとして役立てることができるのは、もうおわかりいただけたのではないでしょうか。

もし、子どものころから「予定管理」や「やること管理」を家庭で楽しく学んでいたとしたら、どうでしょう。いずれ受験のときにも、就職してからも、その子が大きくなって、その後どんな夢をかなえようとしたときにも絶対に役に立つ、最大の英才教育に違いありませんね。

だから子どもが最初は慣れなくても、あるいは途中で飽きても、長い目で見て使ってほしいのです。

ちなみに私自身は、ふだん大人向けに時間管理の講座をしているのですが、学びにきた方は、主婦の方でもビジネスマンでも口をそろえて、「こういうことを、もっと早く知りたかった。いや、子どもの頃にちゃんと教えてほしかった！」とおっしゃいます。

本書はまさに、その願望に対する答えなのです。夢をかなえることができる体質を幼いうちから身につけられるこの「こども手帳」というすばらしいアイテムが、多くのママとその子どもたちに届くよう祈っています。

浅倉ユキ

おわりに

最後までお読みいただき、ありがとうございます。

子どもと一緒に手帳を作り、使っていくイメージを持っていただけたら嬉しいです。


私は子どもの頃、したくは遅いし、忘れものは多いし、毎日バタバタ過ごしていました。母はそんな私を心配し、私の荷物をきっちり準備し、やることすべてに指示を出してくれていました。「お母さんの言う通りにやったら心配ないから」が母の口癖。私は、だんだん自分で考えなくても母の言う通りにやればいいんだな、と思うようになりました。そして、自分で考えて動いて、失敗したり、叱られたりするより、誰かに言われことをやったほうがラクだと考えるようになったのです。


そんな私が親になりました。子育ては、正解がないし、いろいろな人がいろいろなことを言うので「自分がどうしたいのか」がわからない私は、悩み、苦しみ、逃げ出したいときもありました。

でも、子育てからは逃げられません。「何とかしたい！」と思い、考えました。子どもたちの今を、そして成長していく姿を想像しながら。

そして、私は子どもたちに、こう伝えたいと思いました。「失敗してもいい。自分の思う通りにやってみたら」と。自分で考えて、自分のやりたいことを実現できる子になってほしいと願ったのです。

そのために、親である私は何をしてあげられるのだろうか。

そんな想いを込めて、こども手帳術を考えました。

みなさんはお子さんにどうなってほしいですか？　自分はどうしたいですか？

ちょっと視点を将来にも向けて、手帳のある生活を楽しんでください。


最後になりましたが、本書を出版するにあたり、お世話になりましたみなさまに、この場をお借りして感謝申し上げます。

本ができることを喜び、事前アンケートを拡散、回答に協力してくださったみなさま、個性豊かでアイディア満載の手帳の写真を提供してくれたユーザーのみなさま、手帳術講師を目指していた頃に、「こども手帳術」という新ジャンルを考えるきっかけを与えてくださり、本書の監修をしてくださった浅倉ユキ先生、途中手が止まり、悩んだときに相談に乗ってくれた、こども手帳術インストラクターのみなさん、講師仲間のみなさん、出版するきっかけ、ご縁をつないでくださった、高宮華子さん、編集の板谷美希さん、そのほか関わってくださった多くのみなさま。

そして、いつも私を優しく見守ってくれる家族、とくに、日々リアルなこども手帳術の事例を提供し続けてくれる2人の娘たち。

心から感謝申し上げます。ありがとうございました。


ママと子どもが毎日笑顔で過ごせますように、願いを込めて

星野けいこ

読者特典！

オリジナルリフィルのダウンロード方法

本書で紹介している手帳リフィル（ＰＤＦ形式）は、ダウンロードすることができます。インターネットに接続し、アドレスバーに下記ＵＲＬを入力してください。

オリジナルリフィルのダウンロードＵＲＬ

http://www.njg.co.jp/c/5403kodomo_refill.zip

＊入力はすべて「半角英数字」で行なってください

ダウンロードコンテンツ

■デイリースケジュールA（自由帳）	■週間スケジュール（時間入り・時間なし）
■デイリースケジュールB（緑）	■月間スケジュール
■デイリースケジュールB（黄）	■できたよシート（25 マス）
■デイリースケジュールB（青）	■できたよシート（80 マス）
■デイリースケジュールC（黄）	■夢・願いごとシート
■デイリースケジュールC（青）	■タックシールフセン用イラスト

＊デイリースケジュールＢとＣは、持ちもの欄あり・なしの２種類があります

◉Ａ５サイズの用紙に、「実際のサイズ」で印刷してご利用ください

◉タックシールフセン用イラストは、印刷して色をぬり、切り取って使うと便利です

※URL 入力の際は、半角・全角等ご確認いただき、お間違えのないようご注意ください。
※ファイルはzip形式にて圧縮を行なっております。解凍ソフトを別途ご用意の上、ご利用ください。
※本ファイルに起因する不具合に対しては、弊社は責任を負いかねます。ご了承ください。
※本ダウンロードサービスは、予告なく終了する場合がございますので、ご承知おきください。

星野けいこ（ほしの　けいこ）
あな吉手帳術ディレクター・講師。自分deカウンセリング講師。自身が2児の母としてストレスフルな生活を過ごしていたときに「あな吉手帳」に出会い、生活、気持ちがラクになった経験から、同じように子育てを頑張っているママたちを応援する手帳活用方法を伝えたいと、あな吉手帳の考案者・浅倉ユキに師事。手帳術講師として活動中。通称「こども手帳術講座」では、「子どもたちに手帳のある生活をプレゼントしよう!」を合言葉に、自分で考えて実行できる子になるための手帳活用方法&ママの見守り術を考案・発信している。著書に、『親子で楽しく! 自主性、自立心が育つ！ こども手帳術』（PARCO出版）がある。

浅倉ユキ（あさくら　ゆき）
あな吉手帳術考案者。ゆるベジ料理&手帳術研究家。おいしくて体にやさしい「ゆるベジ料理」のほか、「あな吉手帳術」「3ステップ時間管理術」「自分deカウンセリング」などの講座を「another～kitchen」にて主宰。“あな吉”さんの愛称で多くのファンを持つ。「女性のストレス値を下げる」をテーマに多方面で活躍中。著書は、『あな吉さんの主婦のための幸せを呼ぶ!手帳術』（主婦と生活社）、『あな吉さんの「ゆる家事」レッスン』（筑摩書房）など多数。

あれこれ言《い》わなくても大丈夫《だいじょうぶ》!
自分《じぶん》で考《かんが》える子《こ》になる「こども手帳術《てちょうじゅつ》」

2016年 7月10日　初版発行

著　者　星野けいこ ©K.Hoshino 2016
監修者　浅倉ユキ
発行者　吉田啓二

発行所　株式会社日本実業出版社　東京都文京区本郷3−2−12 〒113-0033
大阪市北区西天満6−8−1 〒530-0047
編集部 ☎03-3814-5651
営業部 ☎03-3814-5161
振　替　00170-1-25349
http://www.njg.co.jp/

印刷・製本／三晃印刷

この本の内容についてのお問合せは、書面かFAX（03-3818-2723）にてお願い致します。
落丁・乱丁本は、送料小社負担にて、お取り替え致します。

ISBN 978-4-534-05403-6 Printed in JAPAN